灵魂肉

上

李载禄博士

URIM
BOOKS

目录

2 魂的生成
（属肉空间里的魂的作用）

3 灵的恢复

本书所引圣经经文取自

《现代标点和合本》

自序

几乎所有的人都梦想功成名就，享受幸福的人生。一个人即使财富、名利、权势集于一身，也无法摆脱死亡的结局。中国的秦始皇虽为了得永生，寻找长生不老草，但终究仍未摆脱死亡。然而神在圣经中向人类显明获得永生的道路。耶稣基督就是这一生命的渊源。

我自从接待耶稣基督开始，殷勤读经、祷告，苦苦探索神深奥的心意。献上无数的禁食、祷告，满了七年，终于蒙神的应允，如愿以偿。开拓教会之后，神使我在圣灵的感动中领受对疑难经文的解释，并将有关灵、魂、肉的信息细致入微地启示于我。当领受揭开人的根本、使人发现自我的宝贵之道、闻所未闻的深层属灵奥秘之道时，我的喜乐实在无法言喻。

灵魂肉的信息传开之后，从海内外传来许多蒙恩的见证，持续引起热烈反响。人们借以此道，不仅明白获得真生命的方法，而且发现了自我、认识到人的本质、解开了许多难解经文。而且立定了"以主的心为心，成为属灵人"的目标，得以热心向着标竿奔跑。

"因此，祂已将又宝贵、又极大的应许赐给我们，叫我们既脱离世上从情欲来的败坏，就得与神的性情有分。"（彼得后书1章4节）

中国古代兵书之一——《孙子兵法》中有一句话叫做："知彼知己者,百战不殆"。意指：了解对方，了解自我，才能百战不危。灵魂肉之道使人深入剖析自我，了解人的本质。因此只要将此道当作灵粮吸收，无论何种人都能理解。并能掌握治理和支配黑暗势力的方法，过得胜的信仰生活，不再因为无知而受无形的搅扰。

编辑部宾锦善部长及全体同工，为此书的出版都付出了努力。在此表达谢意。但愿此书能够给读者带来灵魂兴盛，凡事兴盛，身体健壮的祝福。祝愿各位读者借以此书灵命增长，得与神的性情有分，成为满有福气的神的儿女。

2009年6月

李载禄 博士

踏上灵魂肉之旅

"愿赐平安的神亲自使你们全然成圣。

又愿你们的灵与魂与身子得蒙保守，

在我主耶稣基督降临的时候，

完全无可指摘。"(帖撒罗尼迦前书5章23节)

至 于人的构成要素，神学者们各持"二元论"和"三元论"两个不同观点，至今争论不休。"二元论"主张人是以灵魂和肉体两个部分组成；"三元论"则主张人有三个构成要素——灵、魂、肉。此书以《圣经》为依据，将灵、魂、肉作为人的构成要素来进行讲解。

知识通常分为有关神的知识和有关人类的知识两大类。人活在世上，不仅要学习对人类的知识，也要学习对神的知识，这是至关重要的。因为明白神的心意，并顺从祂的旨意，必能打造成功的人生，获得永恒的生命。

人类是照神的形像受造的存在，故离开神无法存活，也无法明白自我本质。若想解开人类的奥秘，必须要先了解神是怎样的一位神。

有关灵魂肉的知识，是单靠人的知识、智慧和能力是无法明白的范畴。只有看透人本质的神启示于人时才能明白。制作电脑的人，因对其构造和原理了如指掌，便能自由自在地使用，并轻易排除故障。此书充满四维（四次元）世界的属灵知识，能够对有关灵魂肉的疑问做出清晰明快的解释。

:: 本书的特征 ::

1. 通过对人的构成要素——灵、魂、肉的属灵的理解，看透自我的慧眼被打开，并获得对人生的洞察力。

2. 能够发现自己所打造的自我本质。明确提示：发现自我，成就圣洁，成为得神喜悦的属灵人的 道路。

3. 了解自我，才能不陷入仇敌魔鬼撒但的诡计，具备治理和管理黑暗势力的能力。耶稣说：承受神道的人，尚且称为神（约翰福音10章35节），此书向读者提示人类以神的心为心，领受所应许的一切祝福的捷径。

肉的诞生

人的本质是什么?

人是从哪里来,又往哪里去?

"我的肺腑是你所造的。我在母腹中,你已覆庇我。
我要称谢你,因我受造奇妙可畏。你的作为奇妙,这是我心深知道的。
我在暗中受造,在地的深处被联络,那时,我的形体并不向你隐藏。
我未成形的体质,你的眼早已看见了。你所定的日子,
我尚未度一日(或作"我被造的肢体尚未有其一"),
你都写在你的册上了。"

(诗篇139篇13-16节)

第一章

肉的概念

不仅是终归一把尘土的人的躯体，
连人吃的食物、所看的、所享受的一切，
甚至人按着需求所造的一切都是属于"肉"。

什么是"肉"？

人只停留在肉的层次，便毫无价值

宇宙万物也有维次（又称次元；下同）之分

高维次支配低维次

探索人类本质的努力古今中外从未间断过。这种努力意义重大，因为旨在确立作为个人或社会成员必须明白的生活的目的、意义和人生方向。对人类之奥秘的探索在哲学、宗教学等人文科学以及社会科学和自然科学等领域中以多种方式进行，但至今仍未找出明确的答案。

尽管如此，"人是怎样的存在？""我是谁？"这种单纯的质问之所以不绝于人们之口，是因为这个答案将成为解决人根本的、本质的问题之钥匙。世俗的学问无法对此做出明确的解答，然而创造宇宙万物和人类的神若予以赐教，便能得到正确的解答。我们可以在记录神道的《圣经》中找出其头绪。

一般学说中将人分为灵魂和体两个组成部分。就是将无形的精神归为灵魂，眼看得见的身体归为体。但神的道——《圣经》将人分为三个组成部分，即灵、魂、肉。

"愿赐平安的神亲自使你们全然成圣。又愿你们的灵与魂

与身子得蒙保守，在我主耶稣基督降临的时候，完全无可指摘。"（帖撒罗尼迦前书5章23节）

如经上所记：灵和魂不能相提并论，不仅名称不同，实际也是有区别的。为了了解人的本质，我们有必要明白肉、魂、灵这三者的区别。

什么是"肉"？

首先，"肉"的词义是："人或动物体内红色、柔软的组织，或果子中可以吃的部分。"但若要了解《圣经》上讲的"肉"的意义，比起了解其词义，更为重要的是了解其属灵的意义。

《圣经》多处出现"肉身"、"肉体"、"血气"等与肉相关的词汇，大部分都包含着属灵的意义。"肉"的灵意是："随着岁月的流逝，朽坏、变质、终究消亡的；丑陋、污秽之物的统称。"枝繁叶茂的树木，也经不起岁月的考验而渐渐老化，终究枯萎、消亡。这样，眼见为实的一切山川草木，终究变质、腐朽、消亡，从而可以称作"肉"。

那么，人类又如何呢？这个地球上生活着约69亿人口。就在这个瞬间地球上也在不停地诞生新生命，也不停地有人死去。人人都有一死，死后且变成一把尘土，因此人类也是属肉的存在。人生活中所需的饮食、语言、文字、科学、文明也是属肉的，随着岁月的流逝，终究变质、腐朽、消灭。离开神的人就是属肉的存在，所以所生产的产品也是属肉的。属肉的人发展文明的过程中所追求的不过是"肉体的情欲"、"眼目的情欲"、"今生的骄傲"。人类的文明也不过是为了满足五感，追求快乐、满足情欲而发展起来的。随着时间的流逝人们更加追求富有刺激性的东西。文明越发达，就越发堕落败坏，放纵情欲，放荡不羁。

既有眼看得见的"肉"，也有眼看不见的"肉"。《圣经》将仇恨、争竞、嫉妒、杀人、奸淫等一切与罪相关的属性都称为"肉"。花香、空气、风等物质是看不见的，人的心里也存在看不见的罪的属性，这一切都是属于"肉"。属灵上讲："肉"是包括天地万物的一切注定腐朽、变质的，以及非真理、罪恶、不义、不法的统称。

哥林多前书2章14节说："然而，属血气的人不领会神圣灵的事，反倒以为愚拙，并且不能知道，因为这些事惟有属灵的人才能看透。"这里"属血气的人"就是指属肉的人，按肉体看人都是属血气、属肉的，但仍有许多人领会神圣灵的事，体验神的作工，因此要知道"血气"包含着属灵的含义。

除外耶稣还说过："从肉身生的，就是肉身；从灵生的，就是灵。"（约翰福音3章6节）；"叫人活着的乃是灵，肉体是无益的。我对你们所说的话就是灵，就是生命。"（约翰福音6章63节）由此可知，肉与灵是相对的概念，"肉"在灵意上讲就是注定变质、腐朽的，故此说"肉体是无益的。"

人只停留在属肉的层次，便毫无价值

人迥异于动物，有感情、思想、价值观。但这些也毕竟不是永恒的，所以都是属肉的。财富、名利、学问等人们所珍视的，大部分都是注定消为无有的。就"爱"这个感情来讲，谈恋爱时说："没有你我无法生存！"可是一旦结婚就变心的大有人在。甚至不合自己的心意就轻易发怒，行使暴力。凡如此易变的感情都是属肉的。人只停留在这种属肉的层次，就与动植物没什么区别，在神看来不过是注定腐朽、消亡的无益的"肉"。

> "因为凡有血气的，尽都如草，他的美荣都像草上的花。草必枯干，花必凋谢。"（彼得前书1章24节）

> "其实明天如何，你们还不知道。你们的生命是什么呢？你们原来是一片云雾，出现少时就不见了。"（雅各书4章14节）

总之，离开神道之人的身体、心里所怀揣的一切，都是虚空的"肉"，随着时间的流逝终究变质、腐朽、消失。所罗门王平生享尽人一切的富贵荣华，但当他领悟"肉"的无益之后，便感慨地说："虚空的虚空，虚空的虚空，凡事都是虚空。人一切的劳碌，就是他在日光之下的劳碌，有什么益处呢？"（传道书1章2-3节）

宇宙万物也有维次之分

物理学或数学上讲的"维",是几何学及空间理论的基本概念,通常的空间有"三维",平面是"二维",直线只有"一维"。

在物理学的观点上讲:我们生活的这个空间是三维空间,再加上时间就是四维空间。这就是通常科学上讲的维的概念。

在灵魂肉的观点上看,大体可分为肉和灵两个维次。"肉"可分成从无维到第三维。无维:是无生命的无生物。如:岩石、土壤、水、铁等无法论维之物。有生命的生物体共分为三个维次。

一维:是有生命,能呼吸,不能活动之物。如:花草、树木等植物。灵魂肉中只有"肉",而没有魂和灵。二维:是能呼吸和活动,具有"肉"和魂之物。如:狮子、牛、羊、鸟、鱼、昆虫等类。狗认得主人,或见到陌生人就吠叫,是因为狗有魂。

三维:是能呼吸和活动,具有眼看的见的"肉",其里面有魂和灵的存在,即万物之灵长——人类。人有灵,跟动物有根本上的区别,能够寻求神,并信仰神。除此之外还有我们眼看不见的四维世界,即属灵的存在——神、天兵、天使、基路伯,以及众邪灵

高维次支配低维次

二维之物能支配一维以下之物;三维之物能支配二维以下之物,但却不认识比自己高维次世界。即一维不认识二维;二维不认识三维。例如:人在地上播种,按时浇灌,悉心栽培。但这颗种子即使生根发芽,长成大树,并结了果子,也不会认得栽培自己的主人。蚯蚓被

人踩死，也不知何故。高维次可以支配低维次；低维次只能受高维次的辖制。

于此同理：三维之物——人类无法认知四维的灵界。因此属肉的人连一个鬼都制服不了。但只要脱去"肉"，成为属灵的人，即真理的人，就能进入四维世界，能够治理和支配空中掌权的恶灵。神是灵，祂愿自己的儿女们都能认识四维世界，明白神的旨意，顺其而行，从而得到真生命。据创世记一章的记载可以得知：亚当在摘吃善恶果之前，具有治理和管理万物的权柄。因为当时亚当是属四维世界的"有灵的活人"。可自从犯罪之后，灵死去，以致亚当和他的后裔全都成为属三维的存在。神亲手创造的人怎样沦落成三维的存在，堕落的人类怎样恢复四维世界的身份？下面我们一起探讨这个问题。

第二章

天地创造

创造主——神,立定了"耕作人类"的奇妙计划。
将属神的空间分成肉与灵的世界,
并在肉界中创造了天地万物。

奇妙的空间的分离

属肉的空间和属灵的空间

具有灵魂肉的人

从亘古以前，自有永有的神独居宇宙空间。太初，神以光的形式存在。而且祂运行在广阔的宇宙空间，独自掌管着一切。约翰一书1章5节："神就是光，在他毫无黑暗。这是我们从主所听见，又报给你们的信息。"在此"光"不仅表示属灵意义上的光，同时也表示太初以光的形式存在的神。

神非人所生，是从亘古以前自有永有（出埃及记3章14节）的完全者，是靠人有限的能力和知识所无法理解的。约翰福音1章1节记载太初的奥秘。在极其美妙且五彩缤纷的光里面含着无数的道，太初神是以这种样式存在，并独自掌管着整个宇宙，"太初有道"就是对这种情形的描述。

这里所谓"太初"和创世记1章1节创世的"起初"是不同的。"太初"是指人所无法理解的亘古以前。那么，在创世之前都发生了什么事呢？

天地创造

1. 奇妙的空间的分离

属灵的世界并不遥远。

就在我们肉眼所见的天空处处存在着通往灵界的门。

随着岁月的流逝，神需要能够与自己分享一切美好的，并能分享爱与被爱之幸福的对象。神具有"神性"，同时也具有"人性"，因此需要与祂分享欢乐与爱的对象。于是神立定了"耕作人类"的计划。就像农夫通过耕作，将麦子收在仓里，神也要创造人类，并赐福于人类，使他们生养众多，遍满地面，同时要耕作人类，得到无数效法神，成为圣洁的灵魂，收入天国的仓里。

为了成就这一计划，神首先将广阔的宇宙空间分为神居住的空间——灵界和对人类进行耕作的空间——肉界。其后以圣父、圣子、圣灵三位一体之神的形式存在。因为为了成就耕作人类的计划，需要救主耶稣和保惠师圣灵。

启示录22章13节记载着有关三位一体神的内容："我是阿拉法，我是俄梅戛；我是首先的，我是末后的；我是初，我是终。"三位一体的神是指一切知识和文明的阿拉法和俄梅戛——圣父；人类救赎的首先和末后——圣子耶稣；耕作人类的初和终——圣灵。

圣子耶稣担负着救世主的使命，圣灵作为保惠师，负有见证救主，并完成救赎的使命。《圣经》将圣灵以"鸽子"、"火焰"、"神儿子的灵"来形容。加拉太书4章6节："你们既为儿子，神就差他儿子的灵进入你们（原文作"我们"）的心，呼叫：'阿爸，父！'"这里"儿子的灵"就是指圣灵。而且在约翰福音15章26节说："从父出来真理的圣灵"。

圣父、圣子、圣灵，三位一体的神，为了成就耕作人类的旨意，各自具备具体的形像，他们彼此商议、筹划一切相关事宜。创世记1章1节的有关创世之工的记载显明这一点——"神说：'我们要照着我们的形像，按着我们的样式造人'……"（创世记1章26节）这意味着神将灵赋予人，并将人造成像祂一样圣洁的存在，而不单单把外表造得像圣父、圣子、圣灵。

分肉界和灵界

神独居的时候不必要分肉界和灵界。但为耕作人类则需要适合人类生存的属肉的世界，便分成肉界和灵界。

所谓分成肉、灵两界，并不是将空间一分为二的概念。这好比将用药品染红的A瓦斯和无色的B瓦斯放在一个房间里，此时房间里虽然有A、B两种瓦斯共存，但人只能看见A瓦斯，而看不见B瓦斯，虽然眼看不见，但B瓦斯是分明存在的。

与此同理：神将广阔的属灵空间分离成肉眼可见的肉界和看不见的灵界。当然肉界和灵界并不是以像两种瓦斯共存的状态存在。

它们似乎是相互分离的，却又是重叠的；似乎是重叠的，却又是相互分离的。

　　神在肉界的宇宙空间处处安置了通往灵界的门，以此作为肉界和灵界分别存在的凭证。灵界并不离我们遥远，就在我们肉眼可见的天空处处存在着通往灵界的门。只要神给我们打开灵眼就能通过这些通道看见属灵的世界。

　　司提反执事被圣灵充满，看见耶稣站在神的右边，也是因着在灵眼开启的同时，通往属灵世界的门被打开（使徒行传7章55-56节）。以利亚先知活着被提、复活的主耶稣升天、摩西先知显现在变化山上等事件，只要相信有通往灵界的门，就很容易理解了。

　　科学研究表明：宇宙的大小大约有150-200亿光年。如果说过了属肉界的宇宙的尽头才能到达灵界，那么利用再快的宇宙飞船，也要花费无数的岁月才能到达。若是这样，许多天使为了来往于肉界和灵界该飞行多少距离呢！然而只要打开灵界的通道，就能瞬间来往肉、灵两界。

将灵界分成四个天的神

　　分成肉界和灵界之后，神又将灵界按着需要分成诸天。《圣经》处处记载天不是一个，而是好几个的事实。这意味着肉眼可见的天不是全部，乃是有另外的天存在。神为了便于我们理解属灵世界的空间，便用"天"这个词来形容属灵的世界。

"看哪，天和天上的天，地和地上所有的，都属耶和华你的神。"（申命记10章14节）

"歌颂那自古驾行在诸天以上的主。他发出声音，是极大的声音。"（诗篇68篇33节）

"神果真住在地上吗？看哪，天和天上的天，尚且不足你居住的，何况我所建的这殿呢？"（列王纪上8章27节）

神将灵界分为四个天。包括我们生活的这个地球和太阳系所属的银河系，以及人所无法测度的宇宙的所有属肉的空间称为第一层天。从第二层天开始是属灵的空间。那里有耕作人类所需的伊甸和邪灵居住的空间。神创造起初的人，并在属光的领域——伊甸立了一个园子，将所造的人安置在那里，并使他治理和管理万物（创世记2章15节）。

第三层天是神的宝座所在的空间，也是天国所在的空间。是受神的耕作而得救的神儿女们将来生活的地方。

第四层天是太初神分离空间之前以光的形式独居的元本的天。此空间是：只要神心想，即可超越时空而实现的神秘的空间。

2. 属肉的空间和属灵的空间

直到如今圣经学者在地球上仍未找到伊甸园的原因是什么呢？因为伊甸园存在于属灵世界的第二层天。

　　神为耕作人类，用奇妙的手段将宇宙分成属肉的空间和属灵的空间。神为了通过耕作人类得到真儿女，在第三层天创造了天国；在第一层天创造了耕作人类的基地——地球。

　　创世记1章大略记载着神六日创造天地万物的过程。神并非起初就将地球造得完全，而是通过地壳运动和大气中的各种现象，奠定了天地的根基。因为是收获真儿女的基地，所以神亲自到地球巡查，并经过长久岁月精心打造。

　　就像胎儿在母体羊水里安然生存一样，神创造地球，待其根基牢固之后，用大量的水覆盖了整个地球，这水正是神安置在第三层天的生命水。神用明净透亮的生命水覆盖地球，使地球具备滋养万物的基本条件之后，便正式开展创造之工。

耕作人类的基地——属肉的空间

　　创造天地的第一日，神说"要有光"，就有属灵的光从神宝座流出来，并笼罩整个地球。因着这光，神的永能和神性渗透地球，使一切都按一定的次序与规律运转（罗马书1章20节）。神又使光暗分开，称光为昼，称暗为夜。早在太阳和月亮存在之前，神就立定规律，使昼夜轮流，时间运行。

第二日，神将覆盖地球的水分为空气以上的水和空气以下的水，并称空气为天，此时我们肉眼可见的天就形成，同时形成了生命体赖以呼吸的空气，以及云和风等产生大气活动的基础环境。

空气以下的水就是地球上存留的水，成为形成大海、河川、湖泊等地球环境所必需的水源（创世记1章9-10节）。空气以上的水是为了将在第二层天所创造的伊甸园而预备的水。

第三日，把空气以下的水聚在一处，区分海与地，并在地上创造了青草、菜蔬和结果子的树木。

第四日创造了日、月、星辰，使它们管白昼与黑夜；第五日创造了鱼类和鸟类；第六日创造牲畜、野兽和地上一切昆虫之后创造了人。

眼看不见的属灵空间

第二层天的伊甸园，虽然是属灵的世界，但跟第三层天上的属灵的世界是有区别的。它不能算是完全的属灵世界，是能与肉界共存的世界。简单说它是肉与灵的中间层次。神将人造成"有灵的活人"之后，在东方的伊甸立了伊甸园，并将人安置在那里（创世记2章8节）。这里所谓"东方"不是指东边，而是指有光笼罩的领域。

至今，圣经学者们推测伊甸园可能在美索不达米亚(Mesopotamia)地区幼发拉底河和底格里斯河流域，不断进行考古研究和发掘工作，却仍未找到任何蛛丝马迹。其原因是"有灵的活人"——亚当曾经生活的伊甸园是属灵的空间，位于第二层天。伊甸园是我们无可测度的广阔的空间。亚当摘吃善恶果之前所生的儿女们如今也在那里不断繁衍生息。伊甸园是没有空间限制的属灵的领域，因此无论过了多少岁月也不怕人满为患。

创世记3章24节记载：神在伊甸园的东边安设基路伯和四面转动发火焰的剑，要把守生命树的道路。这是因为在伊甸东边的疆界存在着黑暗的领域。众邪灵常常打伊甸园主意的原因是：迷惑亚当离开神，同时要得着生命树果。它们素有"摘吃生命树果获得永生，永远与神对抗的计划"。于是神赋予亚当把守伊甸园的使命，以抵挡黑暗势力的入侵。但后来亚当入了撒但的迷惑，摘吃善恶果，被逐出伊甸园到了这地球之后，神就使基路伯和四面转动发火焰的剑取代亚当的使命。

借此我们可以得知第二层天是有伊甸园的光的领域和邪灵居住的黑暗的领域共存的空间。神还在这第二层天的光的领域里预备了一个比伊甸园更加美丽的特殊空间，那就是主耶稣从空中降临时与圣徒们举行七年婚宴的空间。那是创世以来所有蒙救恩的人欢聚一堂，享受婚宴之欢乐的地方，可想而知那是一个极为广阔的空间。

至于另外的属灵空间——第三层天和第四层天，在下册仔细讲解。神将宇宙分成肉、灵两个空间，又将其分为诸多空间，这一切尽在耕作人类得到真儿女的旨意中成就。那么，神创造的人是怎样形成的呢？

3. 具有灵魂肉的人

《圣经》所记载的耕作人类的历史，是从亚当犯罪之后被驱逐到地球以后的岁月开始计算的。不包括亚当生活在伊甸园的无数的岁月。

1) 有灵的活人——亚当

　　了解起初的人亚当是寻找人本质的钥匙。神因着耕作人类的旨意，将亚当创造成"有灵的活人"。创世记2章7节记载神创造亚当的过程："耶和华神用地上的尘土造人，将生气吹在他鼻孔里，他就成了有灵的活人，名叫亚当。"神创造亚当时所使用的材料就是"土"。"用土造人"，这里不仅蕴含着人将要在地球上受耕作的意义（创世记3章23节），而且与土的性质——按照所加添的成分产生性质的变化——有着紧密的关联。

　　神在用土捏造人的形像的同时，也细致地造成了五脏六腑、骨骼、血管以及神经组织。技艺高超的陶工，能使一把泥土变成精美昂贵的陶器，何况全知全能的神照自己的形像，亲手捏造的人，该是多么美丽可贵呢？受造的亚当具有呈乳色的白皙透亮的皮肤和健壮的身躯。从头到脚一切器官，每个细胞都是那么完美无缺。神将生气吹在亚当的鼻孔里，亚当就成了有灵的活人。组装好的电灯，自身不能发光，只有连接电源才能发出光来。同样，亚当也因着从神领受"生气"，心脏开始跳动，血液循环，一切器官和细胞开始活动，而且头脑的活动开始，眼睛看见，耳朵听见，随心所欲活动身体。

"生气"是指"神所有能力凝聚的结晶",又称神的"精气";也指力量、能力、能量;维持生命的原动力。亚当在领受神的"生气"的同时,形成了与自己的身体的形像一模一样的灵体。亚当的灵照着亚当肉体的形像形成了灵体。关于灵体在下册详细讲解。

"有灵的活人"——亚当的身体以不朽的肉和骨构成,其里面装有能与神交通的灵和顺从和辅佐灵的魂。魂和肉服从灵的意愿,遵行神的话语,与神交通。

亚当受造之时的状态是:身体是成人的模样,灵体里尚未存有任何知识。孩子在成长过程中需要学习各样知识,才能具备修养与人格,过像人的生活。同样,灵里面只有盛装知识,才能算为真正的灵。神将亚当安置在伊甸园之后,将真理的知识,即灵的知识一一传授给亚当。其知识包括天地万物的造化、灵界的法则、真理的话语,以及与神相关的无限的知识。从而亚当具备了治理和管理地上万物的能力。

在伊甸园生活无数的岁月

"有灵的活人"——亚当作为万物的灵长,凭着丰富的属灵知识和智慧,治理和支配伊甸园和地球。神觉得亚当独居不好,便取下他的一条肋骨,造一个女人——夏娃,做亚当的配偶来帮助他,使二人成为一体。那么,亚当和夏娃在伊甸园生活了多少岁月呢?

虽然《圣经》上对此没有具体的记载，但他们在那里生活了人无法想象的长久的岁月。创世记3章16节说："又对女人说：'我必多多加增你怀胎的苦楚，你生产儿女必多受苦楚……'"夏娃因着犯罪，咒诅临到她身上——加增怀胎的苦楚。换句话说：夏娃受咒诅之前，生活在伊甸园的时候，也生儿育女，并有过轻微的怀胎的苦楚。"有灵的活人"——亚当和夏娃是永生不老的存在，经过漫长的岁月生养众多，遍满地面。

然而，很多人误以为亚当受造之后马上摘吃了善恶果走向灭亡之路。有人质问："圣经记载人类历史只有约6000年，但为何数十万年前的化石出现呢？"

《圣经》上记录的耕作人类的历史是从亚当因犯罪被驱逐到地球之后的岁月开始计算的，而不包括亚当在伊甸园生活的无数的岁月。亚当在伊甸园生活期间，地球上发生了许多地壳和地质变化，并有过各种生物繁衍或灭绝的过程，这些痕迹便成为化石遗留下来。因此数百万年前的化石出现也不足为奇。

2) 犯罪的亚当

神将亚当领入伊甸园的时候，定了一条戒律，那就是"分别善恶树上的果子不可吃"。但漫长的岁月过后，亚当和夏娃终于违背神的命令，摘吃了善恶果。因着此事，他们被逐出伊甸园，降到地球，这就成为耕作人类之历史的开端。

那么，亚当是怎样犯罪的呢？有一个虎视眈眈盯着神赋予亚当的强大权柄的存在，那就是邪灵的元首路西弗。路西弗想到：为了打败神，首先要骗夺亚当的权柄。于是利用狡猾的蛇来得逞自己所立的周密的计划。

正如创世记3章1节所说："耶和华神所造的，惟有蛇比田野一切的活物更狡猾。"蛇是用包含狡猾属性的尘土造的。其土质本身较比别的动物接受恶的可能性高。因此蛇成为受邪灵的唆使，引诱人的工具。

虎视眈眈迷惑人的众邪灵

当时亚当具有治理地球和伊甸园的莫大的权柄，因此蛇难以直接引诱亚当。于是蛇使用间接的方法——透过夏娃进行引诱。蛇明明知道神禁止亚当摘吃善恶果，但却像投诱饵似地巧妙地问夏娃说："神岂是真说不许你们吃园中所有树上的果子吗？"此时夏娃回答说："惟有园当中那棵树上的果子，神曾说：'你们不可吃，也不可摸，免得你们死。"（创世记3章2-3节）

神明明说"你吃的日子必定死"（创世记2章17节），夏娃却说"免得你们死"。看似是微乎其微的差异，但这是没把神的话语铭刻在心的凭据，也是没有完全相信而疑惑的表现。蛇看到夏娃更改神的话语，便更加积极地进行引诱。创世记3章4-5节："蛇对女人说：'你们不一定死'。"蛇在正面否定神的话语。接着得寸进尺地迷惑说："因为神知道，你们吃的日子眼睛就明亮了，你们便如神能知道善恶。"

撒但怂恿蛇，使贪婪进入夏娃的意念里，于是夏娃见那分别善恶树的果子好作食物，也悦人的眼目，且是可喜爱的，能使人有智慧（创世记3章6节）。以前悖逆神的心丝毫也没有，但因私欲怀胎，就挡不住引诱，以至摘吃了禁果，又给她丈夫亚当吃了。

狡辩的亚当和夏娃

创世记3章11节神问亚当说："莫非你吃了我吩咐你不可吃的那树上的果子吗？"神虽然对所有情况了如指掌，但这样问的目的是为了使亚当自觉承认自己的过错，悔改归正。然而亚当狡辩说："你所赐给我、与我同居的女人，她把那树上的果子给我，我就吃了。"（创世记3章12节）意思是：如果神没有把女人赐给我，我就不至于犯罪。不愿承认自己的罪，极力推卸责任。虽然夏娃因促使亚当摘吃善恶果，要负有首要责任，但亚当被立为女人之首，应当承认自己有责任。但他将所有的责任都推卸给女人。

神又问女人说："你作的是什么事呢？"（创世记3章13节）虽然亚当作为首长要负责任，但夏娃也是无法推卸责任的。然而这下夏娃又把责任推卸给蛇，说："那蛇引诱我，我就吃了。"那么，犯了罪的夏娃的结局如何呢？

灵死的亚当

创世记2章17节："只是分别善恶树上的果子，你不可吃，因为你吃的日子必定死。"这里神说的"死",不单纯指呼吸停止的肉体的死,乃是"灵的死亡"。"灵死"并不是灵被消灭的意思,而是意味着与神的交通断绝,丧失本然的功用。灵虽依然存在,但已经无法从神供应属灵的生命,便成为死一般的存在。

亚当和夏娃的灵死了,神就不能把他们继续留在伊甸园这个属灵的空间。创世记3章22—23节说:"耶和华神说:'那人已经与我们相似,能知道善恶。现在恐怕他伸手又摘生命树的果子吃,就永远活着。'

耶和华神便打发他出伊甸园去,耕种他所自出之土。"

这里神说"那人已经与我们相似,能知道善恶。"并不是指亚当成为与神同等,而是指原本只认识真理的亚当,就像神参透真理和非真理一样,也认识了非真理。其结果属灵的亚当归于"肉",成为注定死亡的存在,只好归回神起初创造亚当的这个地球。再者亚当若摘吃生命树果必然永生,于是神无法将亚当留在伊甸园。

3）归回属肉的空间

亚当悖逆神的命令,摘吃善恶果以后,一切都变了。他被驱逐到属肉的空间——地球,终身付出流汗的辛苦,才能从地里得吃的,万物也因着亚当一同受了咒诅,失去了起初受造之时的美好环境。

"又对亚当说:'你既听从妻子的话,吃了我所吩咐你不可

吃的那树上的果子，地必为你的缘故受咒诅。你必终身劳苦，才能从地里得吃的。"（创世记3章17节）

从这节经文可以得知：亚当的犯罪不仅导致自身受咒诅，也导致第一层天同受咒诅。一切都完好地运转，井然有序的地球上临到了咒诅，便形成了新的秩序。因着亚当的犯罪，万物也与亚当一同受咒诅，便产生了疾病、病原菌；动植物也开始变质、腐朽。

创世记3章18节说："地必给你长出荆棘和蒺藜来……"。荆棘和蒺藜的出现，阻挠田间农作物的生长，使亚当终身劳苦，才能从地里得吃的。地受了咒诅，产生了不必要的树木和杂草、毒虫和害虫，从而产生了开垦荒地变成好土的需求。

产生开垦心田的必要性

在这地上受耕作的人类也是如此：人在犯罪之前是充满属灵知识的无瑕疵、玷污的清洁的心。创世记3章23节说："耶和华神便打发他出伊甸园去，耕种他所自出之土。"这里神把亚当比作土地。意思是神叫亚当开垦自己的心田。犯罪之前的亚当不需要开垦心田，因为心里毫无罪恶。

然而，亚当因着悖逆，成为仇敌魔鬼撒但的奴仆，并受其主管和辖制，便有许多属肉的罪恶——仇恨、怒气、骄傲、奸淫等渐渐栽植在心里，如同荆棘和蒺藜开始在心里蔓延开来，使之越来越被"肉"，即罪恶所沾染。

因此"耕种他所自出之土"就是意味着堕落的人接待耶稣基督之后，靠着神的道除去栽植在心里的"肉"，恢复属灵的状态。同时意味着若不这样做，灵仍处于死亡状态，便无法获得永生。人在这地上受耕作的目的是：使归为"肉"的心田，开垦成堕落之前的洁净的灵心。

对亚当来说，被逐出伊甸园，在地球上生活，可谓一落千丈。亚当的苦楚胜似一国之王子一夜之间变成低贱的身份。夏娃也因着怀胎之苦楚的加增，千辛万苦生儿育女。

再者，在伊甸园生活的时候没有死亡，但到了这个注定变质、腐朽的属肉的空间，死亡成为必然面对的现实。正如创世记3章19节所说："你必汗流满面才得糊口，直到你归了土，因为你是从土而出的。你本是尘土，仍要归于尘土。"亚当成为注定死亡的存在。

不过，亚当的灵是从神来的，所以永不消灭。因为亚当的灵是通过神的生气而成的，神的"生气"具有不灭的属性。创世记2章7节："耶和华神用地上的尘土造人，将生气吹在他鼻孔里，他就成了有灵的活人，名叫亚当。" 灵丧失了其本然的功用，魂便取而代之在人身上作起了主，并掌管"肉"。从此按照"肉"的规律，亚当的身体渐渐苍老，最终迎接死亡，归为尘土。

当时，地球虽受了咒诅，但不像如今遍满罪恶，因此亚当得以存活九百三十岁（创世记5章5节）。然而，随着岁月的流逝，人们越久越恶，随之寿命也逐渐减少。

离开伊甸园降到这地上的亚当和夏娃需要适应新的环境和变化，从此不再是"有灵的活人"，乃是"属肉的人"，注定劳苦一生。劳作会感到疲乏，需要休息、有时疾病临身、吃了东西还要排泄……一切都变了。亚当的不顺从导致了严重的后果——全人类沦落为罪人。亚当和夏娃，及其子孙后代，都要在属肉的空间——地球，在灵死的状态下生活下去。

第三章

在属肉空间里的人

"肉"是与罪相结合的属性,因此生活在属肉空间的人只能犯罪。
但因人的内心存留着神赋予的生命之种,耕作人类的旨意便得以实现。

亚当和夏娃生活在这地上的时候生养了许多子女。虽然他们的灵死了，但慈爱的神并没有嫌弃他们，而按时教导和引导他们。亚当将从神领受的真理传授给自己的儿女们，因此该隐和亚伯两兄弟清楚明白怎样向神献祭。

可是随着岁月的流逝，哥哥该隐轻忽了神的旨意。弟弟亚伯一如既往地遵照神的旨意尽心，尽意，尽赤诚向神献祭，但哥哥该隐却任意将地里的所产作为供物献祭。该隐看到神只悦纳亚伯的献祭，不但没有悔改，而且还对亚伯产生了嫉妒心，以至杀害亚伯。

随着人类罪恶的蔓延，及至挪亚时代凡有血气的都败坏堕落，地上满了强暴，于是神用洪水审判世界，然后通过挪亚及其三个儿子兴起新的民族和国家。那么，生活在属肉空间的人类将是什么样式呢？

在属肉空间的人

1. 生命之种

亚当犯罪之后，与神之间的交通被断绝，从而渐渐丧失灵的属性，取而代之"肉"的属性进入，层层包围生命之种。

神用尘土创造了亚当。亚当（Adam）这一名字源自希伯来语"Adamah"，包含着地或土的意思。神用泥土造了人形之后，将"生气"吹入亚当的鼻孔。以赛亚先知在《圣经》中也告白人是用泥土所造的："耶和华啊，现在你仍是我们的父！我们是泥，你是窑匠。我们都是你手的工作。"（以赛亚书64章8节）

是我开拓教会不久的时候发生的事：祷告当中神给我看见祂用泥土精心捏亚当的场面。神使用的土是用水和成的泥土。这里"水"的灵意是神的话语（约翰福音4章14节）。水土融合之后进入生气，便使本为生命的血液（利未记17章14节）开始循环，变成活生生的人。

蕴含神能力的"生气"是永不消灭的。《圣经》之所以不把亚当单纯称作人，而称作"有灵的活人"，是因为亚当虽是用土所造，但因领受神的"生气"，变成了永生的存在。在此我们能够领悟约翰福音10章34-35节：耶稣说："你们的律法上岂不是写着'我曾说你们是神'吗？经上的话是不能废的。若那些承受神道的人，尚且称为神……"的属灵意义。

人原本是永生的存在，没有肉体的死亡。虽然亚当因着不顺从，灵已死亡，但其内心里还存在着神所赋予的生命之种，因此我们人类能够重生，作神的儿女。

神将生命的种赐予所有的人

神创造起初的人亚当的时候，给他种植了永不消灭的生命之种。生命的种是神赋予亚当灵里面的生命之本，是灵魂的核心。生命之种是灵的根源，是能够思想创造主神，并守人本分之能力的源泉（传道书12章13节）。

当胎儿在母腹中第6个月的时候，神将灵和生命的种一同赐予胎儿。这生命的种里面包含着神的心和能力，成为与神交通的媒介。因此，即使是不信神的人，也不能否认死后的世界，或神的存在，因为内心深处有着生命的种。

金字塔或古代文明遗址中发现包含有关永生不朽的思想和憧憬永恒安息处的内容。再勇敢的人，面临死亡，也会感到恐惧，这也是因为安置在其内心深处的生命之种在承认来世的存在。

凡人都有神所赋予的生命的种，因此原本就有着寻求神的本能（传道书3章11节）。生命的种如同人的心脏，跟属灵的生命有着密切的关联。因着心脏活动，才能使血液循环全身，并供应氧气和养分，维持生命。与此同理：生命的种若充满活力，就能与神清晰交通，灵被圣灵充满。反之，生命的种丧失活动能力，则无法与神交通，灵必然死亡。

灵魂的核心——生命之种

有灵的活人——亚当，随着神教导的真理的知识充满在灵里，其生命之种活力渐渐旺盛，充满了属灵的气息。从而能够给众多动物起名，并治理和管理它们，成为名副其实的"万物之灵长"。然而，亚当犯罪之后，与神的交通断绝，便有属灵的气息渐渐减除，属肉的气息进入心里，层层包裹生命的种。因此生命的种渐渐失去光芒，成了没有任何动态的状态。

如同人的心脏停止跳动，生命就结束，生命的种停止活动，随之亚当的灵也跟着死去。灵死的意思是：生命的种停止活动，处于死一般的状态。从而处在属肉空间的所有的人，都带着不能进行属灵活动的生命之种而降生。

亚当犯罪后，死亡临到了所有的人。因罪注定死亡的人类若要得到永恒的生命，必须要靠神的帮助，解决罪的问题。就是要接待耶稣基督领受赦罪之恩。为了救活我们人类的灵，耶稣背负全人类的罪，舍命在十字架，成为全人类赖以得永生的道路、真理和生命。因此，当人接待耶稣基督为救主的时候，就能罪得赦免，成为神的儿女，领受所赐的圣灵。

圣灵临到我们心里，启动生命之种，使其重新恢复活动能力，死灵也随之复活，失去光芒的生命的种便重新发光。所发的光虽不像堕落之前的亚当那么亮，但随着信心分量的增加，灵命的增长，光的亮度也相应地提高。

生命的种越被圣灵充满，发出光来，从灵体所发出的光就越发强烈。而且随着属灵知识的增长，越发恢复神的形像，变成圣洁的真儿女。

属肉的生命之种

除了属灵的生命之种以外也有属肉的生命之种。正是神赋予人类的精子和卵子。神为了获得永远分享爱的真儿女，立定了耕作人类的计划和旨意 ，并将属肉的生命之种赋予人类，使其生养众多，遍满地面。神所在的属灵空间永恒无限，如果没有儿女，神该是多么孤单寂寞呢！于是神创造了亚当，并使他繁衍后代，借以获得无数的儿女。

神要拣选的儿女是死灵重生，能够与神交通，并在美丽的天国永远与神分享爱的人。为了得到这般真儿女，神将生命的种赋予所有的人，直到所定的日子，耕作人类。大卫因明白这一神的旨意，便在《圣经》诗篇139篇14节中说："我要称谢你，因我受造奇妙可畏。你的作为奇妙，这是我心深知道的。"

2. 人的生成

人是无法复制的。人的形像或能复制，但是没有灵，因此不能算是人，跟兽类没有区别。

男女结合，彼此做爱，通过男子的精子和女人的卵子的结合，便成胎，产生新生命。胎儿在母腹中经历10个月的孕育过程，才能具备完整的人形。当我们观察生命怀胎和成长的过程，就能感受到神创造之工多么的精巧无比，奇妙可畏。

一般胚胎后满一个月，神经系统开始发育，为血液、骨骼、肌肉、血管，以及内脏器官的形成创造了基本条件。到了两个月，心脏开始能进行收缩，扩张运动。而且身体的外型也逐步形成，肉眼也能认出头部和四肢的形状。第三个月是胎儿脸部形成的时期。这时，胎儿可以自己蠕动身体和四肢，并且形成性器官，可以分辨男女性别。

到了第四个月胎盘完成，养分供应更加充足，身高和体重激增，组成身体和维持生命必备的器官也会正常地工作。从五个月开始，活动幅度加大，肌肉也能活动，对周围环境也有所感知，而且听力功能也完全形成。到第六个月，随着消化器官的发育，正式加快成长速度。第七个月头部开始长出头发，肺功能发达，随之呼吸操练也开始。

到第八个月性器官完全形成，听觉功能也基本成熟，开始产生

肉的诞生

对外界的反映。第九个月，头发长的更密，全身的汗毛退化，身上的皱纹消失，四肢变的胖乎乎的。以至满十个月，就有一个身长平均50厘米、体重3.2公斤以上的新生儿出生。

胎儿是属乎神的生命体

当今世界科学高度发达，复制生命体颇受人们的关注。但无论科学怎么发达，复制人类的企图永远是以失败告终。就算人的形体可以复制，但复制出来的人没有灵，跟兽类没有什么区别。

人的生成过程，跟别的受造物不同，有领受灵的时期。第六个月的胎儿，各种器官，以及脸部、四肢等身体的大部分都已形成，具备盛装灵的条件。此时神赐予胎儿灵的同时赐予生命的种。与此相关的内容在《圣经》上也有记录。就是第六个月的胎儿在母腹中灵里做出反应的场面记录在路加福音1章41节-44节："伊利莎白一听马利亚问安，所怀的胎就在腹里跳动，伊利莎白且被圣灵充满。高声喊着说：'你在妇女中是有福的，你所怀的胎也是有福的。我主的母到我这里来，这是从哪里得的呢？因为你问安的声音一入我耳，我腹里的胎就欢喜跳动。'"

这是怀耶稣的童女马利亚，向比她早六个月怀施洗约翰的伊利莎白问安的时候发生的事。胎中的施洗约翰，因马利亚的到来就欢喜跳动，就是认出胎中的耶稣而被圣灵所充满。可见胎儿不仅是一个生命体，也是到六个月就能领受圣灵的感动、感化、充满的属灵的存在。人从成胎的那个瞬间开始就是属神的生命体，对其生

在属肉空间的人

命的主权唯独掌握在神的手中。因此，即使胎儿还没有具备灵，也不可擅自堕胎。

胎儿在母腹里的十个月是非常重要的时期。从母体中得到供应成长所必需的一切，所以孕妇需要充分地摄取营养。而且在母亲在孕期的情感和思想对胎儿品性、智商、品格的形成带来很大的影响，因此胎教是非常重要的一环。这在灵里也相仿：父母若在主里面热衷于侍奉神，祷告生活充实，其孩子大体上性格温良柔顺，聪明健康地成长。

虽然生命的主权在于神，但神不会一一干预人怀胎、降生，以及成长过程。人先天性要素取决于精子卵子里蕴含的父母的"精气"，出生后所处的多样环境造就后天要素。

神特别干预的情况

神偶尔也有特别干预人怀胎和降生的时候。首先是父母用讨神喜悦的信心，恳切仰赖祈求神的情况。旧约时代，名叫哈拿的女人，因不能生育心里愁闷忧伤，便到神面前恳切央求，并许愿："赐我一个儿子，我必使他终身归与耶和华。"

于是神垂听哈拿的祷告，使她怀孕生子。哈拿向神偿还了许愿——等撒母耳断奶之后将他送到祭司那里，向神献上作神的仆人。从小开始与神交通的撒母耳，后来成为以色列的伟大先知。神喜悦哈拿偿还所许的愿，就祝福他又生了三个儿子和两个女儿（撒母耳记上2章21节）。

其次是神在自己的旨意当中，特选某个特定人物时进行干预。为了理解这个部分，先要了解"拣选"和"特选"的差异。"拣选"是指神立定某种标准，选择凡进入其范围的人。就"拯救"而言，神划定拯救的范围，使凡是进入其范围的人都可以得救。那些凭信心接待耶稣做自己个人的救主，并按神的道遵行的人，就是被神拣选的人。

可有些人误认为神滥用主权，起初就选定了得救的人和不得救的人。故认为一旦接待了主，得了救恩，即使不遵行神的道，神也会照样使人得救。然而这是错误的想法。

其实被拣选的含义是：神设定了救恩的范围，凡在自由意志当中凭信心进入这一范围的人，都会被神选上，并得到拯救。反之，不进入救恩范围，就不会被选上。即使先前进入过救恩的范围，后来又脱离了，同样不能被选上，也不能得救。

那么，"特选"又是什么呢？这是万世以前预知和预定一切的神，为了成就耕作人类的旨意而召选一些特定的人物，全然主管和指引其人生。例如：信心之父——亚伯拉罕、以色列的先祖——雅各，以及为了成就出埃及的计划而被召选的摩西等这些人就是在神的旨意当中为了成就大使命而被"特选"的人。

预知所有一切的神，在耕作人类的旨意当中，预知何时会诞生何等内心和何等心志的人，就召选他们，并使他们在神的旨意当中成就大使命。神对这样特选的人，亲自干预他们的胚胎、降生的过程，以及其人生的每个瞬间。神亲自熬炼他们，造就大器皿之后，使他们完成大使命。

罗马书1章1节说："耶稣基督的仆人保罗，奉召为使徒，特派传神的福音。"使徒保罗就是为新约时代福音的传播而被特选，并特派的人。他作为外邦人的使徒，不畏承受人所无法忍受的极大苦难，向全世界传播了神的福音。他是为此事而被特选，并特派的人。那是因为他有刚强壮胆而不改变的心志。保罗还记录了《圣经》新约书信书中大部分内容，向全世界广传了神的旨意。因为他有这样的使命，所以他的成长和教育以及遇见神的那一刻都是在神细致的干预之中进行的。神使他在当时称得上是最高学者的迦玛列的门下接受教育，积累丰富的知识，使他成为担当大使命的器皿。

施洗的约翰也是被神特选的人，他早在母腹中成胎时，神就干预他，并从小指引他过与众不同的生活。使他远离世俗，独自在旷野，腰束皮带，吃蝗虫、野蜜。好使他担当预备主道的使命。

摩西也是如此：神在他出生之前就开始为他预备环境，当摩西出生后被放到河里的时候，神早已预备了埃及的公主来收养他，使他作埃及的王子。而且，他成长的过程中神又巧妙地安排他的亲生母亲来乳养他，便使他在自己母亲的手下学习自己民族的文化，又在宫中学习埃及的学问和世上的知识。后来，神照祂自己的旨意，使摩西经历40年的熬炼。然后赋予他引导以色列百姓进入迦南地的使命。这样，在耕作人类的过程中，神预知何时会有何等内心和何等心志的人出生，并强勉主管他们，借着他们成就祂的旨意。这就是"特选"。

3. 良心

人具有怎样的良心，对寻见创造主——神，恢复神的形像，成为有价值的人，影响极大。

人的精子和卵子里面包含着父母的"精气"，遗传给儿女。良心也是如此。良心是判断善恶的标准，父母为人良善，心地好，良心善良的儿女出生机率就高。从父母领受什么样的"精气"而出生，这就成为人建立良心最基本的条件。

即使传承品性良善的父母的"精气"，若成长在恶劣的环境中，并耳闻、目睹、领受许多属恶的事，其良心自然受到相应的污染。反之，成长在良好的环境中，并目睹、耳闻、领受属善之事的人，就会具备比较属善的良心。即使出生于同一个父母，成长在同一个环境中，按照一个人追求良善，努力向善的程度，良心会呈现差异。

良心的形成过程

如上所述：父母、生长环境、所见所闻、所受的教育、自身的努力等条件复合形成良心。因此，承受父母属善的"精气"出生，并在良好的环境中好好做自我管理的人，就能顺着良心，追求良善，从而轻易接受福音，并在真理里面更新和变化。

人们通常认为良心就是善心，然而神的观点是不同的。有的人良心善良，追求真理的心强盛；有的人则良心顽恶，不追求真理，过利己自私的生活。

有的人哪怕是背着人取了别人微不足道之物，也会受到良心的谴责；有的人则漫不经心，以为那不算偷盗，或恶事。在怎样的环境中，受到什么样的教育，决定人对善恶的判断标准。人照着自己的良心判断善恶是非。良心因人而异，也因时代、国家、文化和地区呈现差异，因此人判断善恶的标准不能成为绝对的标准。绝对的标准，就是真理本身的神的道。

人心和良心的差异

罗马书7章21-24节说："我觉得有个律，就是我愿意为善的时候，便有恶与我同在。因为按着我里面的意思。（原文作"人"）我是喜欢神的律。但我觉得肢体中另有个律，和我心中的律交战，把我掳去叫我附从那肢体中犯罪的律。我真是苦啊！谁能救我脱离这取死的身体呢？"

借此经文我们可以得知人心的构成要素。这里所谓"里面的人"（照原文）是随从圣灵的真理的心，即洁白的心。这里面的人里面有生命的种。"肢体中犯罪的律"则指非真理的心，即乌黑的心。还有"心中的律"是指良心。良心是人自己打造的判断价值的标准，是黑心和白心混合而成的。若想了解良心，首先要了解人心。

"心"的词义（韩语辞典）是：人认知、感受、立意的精神活动，或判断是非善恶，决定行为的精神活动。但属灵的意义是截然不同的。神创造亚当时，赐予亚当灵的同时，种植了生命的种。然后将真理的知识灌输到如同空器皿的亚当的灵里面。因为单单领受灵的知识，所以亚当的心里只有包含生命之种的灵和盛在其里面的灵的知识。因为心里只有真理，所以没有必要区分灵和心；因为没有非真理，所以良心一词也没有存在的必要。

可是自从亚当犯罪之后，心和灵的意义就不再相同了。因着与神的交通断绝，心里装满的真理，即灵的知识渐渐被排除，取而代之仇恨、嫉妒、骄傲等非真理进入心里，开始包裹生命的种。非真理进入之前的亚当"心"这一词就不必要存在，只称作灵就可以了。但因犯罪，非真理里进入之后灵死去，便称作心。

亚当犯罪之后，人类的心变成"非真理包裹生命之种的状态"，即魂包裹生命之种的状态。真理的心简单说就是白心；非真理的心则是黑心。因此，犯罪的亚当后裔的心，是以不变的真理的心和被罪玷污的非真理的心，以及通过这两者的结合打造出来的良心所构成。

以良心为本的本性

各人所持有的心的根本性质叫做本性。本性是与生俱来的，它不是处于完成的状态，而是因着成长过程中经历何种环境，领受何种知识而改变。如同土按着所加添的成分，其土质产生变化一样，人的本性也是因着人看什么，听什么，产生什么样的感觉而改变。

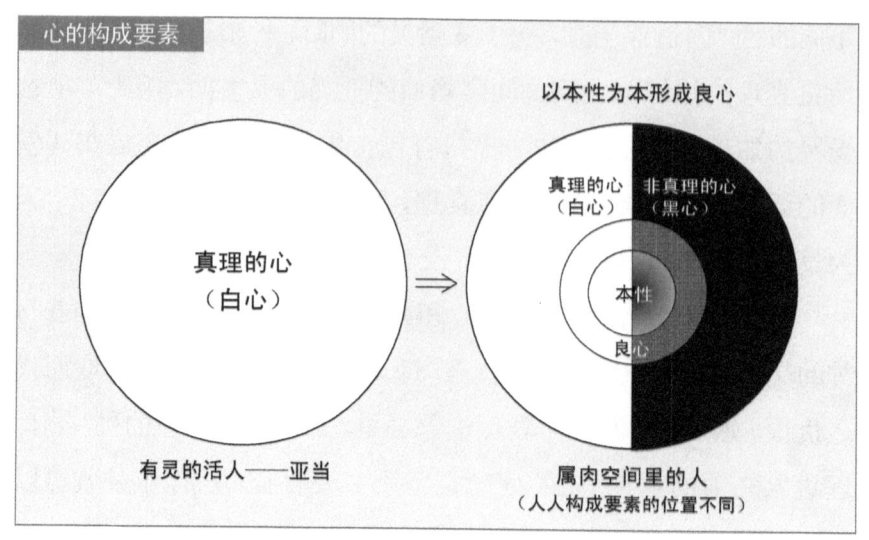

心的构成要素

以本性为本形成良心

真理的心
（白心）

真理的心
（白心）

非真理的心
（黑心）

本性

良心

有灵的活人——亚当

属肉空间里的人
（人人构成要素的位置不同）

出生在这地上的亚当的后裔们，通过父母的"精气"传承非真理和真理混合而成的本性。即使受属善之"精气"的遗传，若生长环境恶劣，领受诸多恶性，其心自然渐渐变成邪恶的心。反之，若生长环境优良，并接受仁义的教导，其心相对少受恶的污染。总之，本性是在先天的遗传因素加上后天的因素而形成，因此各人持有独特的本性。

了解人的本性，就能容易理解良心。良心是人心的一个部分，是以本性为基础而形成的判断善恶的标准。在本性的基础上，新领受的真理和非真理混合而打造出新的判断标准，这就是良心。因此，良心里包含着真理的白心和本性里的恶，以及自以为正，而非神看为正的自义等黑心，就是这些要素混合而形成人的良心。

肉的诞生

随着岁月的流逝，这世界越来越被罪恶所沾染，随之人的良心也越发变恶。因为从父母传承本性里的恶，加上生活过程中接受新的非真理，这一过程不停地在延续着。良心一旦变得迟钝，就难以接受福音，易受撒但的操控，犯罪作恶。

4. 情欲的事

人一旦犯罪，就会照着灵界的法则遭到报应。神恒久忍耐，千方百计要给人悔改的机会，但超越一定限度的时候，人身上就会临到试探、患难或各种灾殃。

　　人人都带着罪性出生于世。因为人类的始祖亚当的罪性通过父母的"精气"遗传到子孙后代。婴孩看到母亲给别的孩子喂奶时会出现什么样的反应呢？会极力地推开别的孩子，不行就"哇"一声大哭起来；当婴孩因肚子饿而哭时，若妈妈不及时给他喂奶，孩子就会声嘶力竭地大哭起来。赶快给他喂奶，还会坚决拒绝吃奶。从来没有人给这婴孩教这种恼怒、仇恨、嫉妒等恶，却出现这种行为，正是因为孩子心里有与生俱来的罪性，这就是"原罪"。在此基础上，人在成长过程中犯很多罪。如同磁石吸铁一样，生活在属肉空间的人们不停领受非真理的事物，并犯罪作恶。就是这样人们在成长过程中自行犯下的罪叫做"自犯罪"。自犯罪包括用行为犯的罪和心里犯的罪。罪有轻重之分，人用行为犯的罪，必受审判（哥林多后书5章10节）。用行为犯的罪叫做"情欲的事"。

血气和情欲的事

　　创世记6章3节说："耶和华说：'人既属乎血气，我的灵就不永远住在他里面。然而他的日子还可到一百二十年。'"这里"血气"不能单纯按照文字上的意义去理解，其中包含着灵意。意指人被罪所沾染，成为属肉的存在。对这种"属血气的人"，神永远不与他同在，因此无法得救。亚当被逐出伊甸园，到这地球，还没过几个世代，其后裔迅速被罪沾染，成为行情欲之事的人。

神叫当代的义人——挪亚预备方舟，向犯罪作恶的人们发出警告，使他们悔改归正。然而除了挪亚的八口以外无人肯进入方舟。以至照灵界的法则——"罪的工价乃是死"（罗马书6章23节），挪亚时代的人们全部丧命于审判的洪水。

那么"血气"的灵意是什么？"血气"是心里的非真理的属性以具体的行为表现之罪的统称。就是说：嫉妒、贪心、奸淫、骄傲等人心里潜在的诸般非真理，以殴打、辱骂、行淫、杀人等具体的行为表现出来的罪统称为"血气"，将这些罪一一罗列就是"情欲的事"。

与此相反，尚未表现在行为上，但从思想意念和心里所犯的罪就叫做"肉体的事"。若不从心里除去"肉体的事"早晚都会以"情欲的事"显露出来。至于"肉体的事"，我们在第二章"魂的生成"部分具体探讨。

将"肉体的事"表现成"情欲的事"，这就是不义和不法。心存罪性的状态不叫不义，但将其付诸行动，便是不义。若不离弃"肉体的事"和"情欲的事"，而继续犯下去，只能使与神隔断的罪墙更加牢固，招致撒但的控告，遇见试探患难。因为无法得神的

在属肉空间的人

保守，会遇到各种事故，或灾殃。若没有神的同在和保守，便难测未来会发生什么事。这也是祷告不蒙应允的原因。

显而易见的情欲的事

随着世界罪恶满盈，最为突出的"情欲的事"就是奸淫和邪荡。毁灭于硫磺与火之中的所多玛和蛾摩拉；埋没在火山灰之下的罗马帝国的庞培城，从其有关的记录和遗址中，可以发现当时的社会之淫乱和败坏相。

> "情欲的事都是显而易见的，就如奸淫、污秽、邪荡、拜偶像、邪术、仇恨、争竞、忌恨、恼怒、结党、纷争、异端、嫉妒（有古卷在此有"凶杀"二字）、醉酒、荒宴等类，我从前告诉你们，现在又告诉你们，行这样事的人必不能承受神的国。"（加拉太书5章19-21节）

当今世界，神所憎恶的"情欲的事"到处蔓延。下面查考一下其中几样"情欲的事"。

1）奸淫。"奸淫"分属肉的奸淫和属灵的奸淫两种。属肉的奸淫是指未婚男女互相发生肉体关系；或有配偶的人与他人行淫的行为。这对将要结婚的情侣之间也不例外。因为尽管相互热恋，海誓山盟，但最终变心分手的情况屡见不鲜。现今世界上有太多的小说、电影、电视剧将各种淫乱的事描写为很自然的事，甚至将其美化——把人们不正当的关系描写成深切而真挚的爱——当人们看到这样的内容觉得有趣，并接受在心里，就渐渐减弱对罪的分辨力，变得麻木不仁，再加上诸般淫乱色情之物也更加激发人们行淫。

除此之外，还有鲜为人知的奸淫——属灵的奸淫。口称信神的人，找人算命，携带符咒等参与邪术的行为（哥林多前书10章21节）也属于奸淫。作为神的儿女，不依靠掌管人类生死祸福的神，反倒依靠偶像和鬼，这种行为就是"属灵的奸淫"，是与叛逆神的罪相等。

2）邪荡。"邪荡"的词义是放荡不正，属灵上指整个生活态度随淫乱的心而行，生活在淫乱的意念和言行中。好色淫乱过度，就会出现超出一般水准的诸般淫行。如与兽淫合、集体淫乱、同性恋（利未记18章22节；20章13节）等均属于邪荡。随着世界越来越被罪恶沾染，人们对这般邪荡之事的罪意识也渐渐钝化。

但这分明是抗拒神并敌对《圣经》的事（罗马书1章26-27节），是神所憎恶的事（申命记23章18节），行这样事的人是不能得救的（哥林多前书6章9-10节）。另外，做变性手术、男扮女装、女扮男装也是属于这一范畴（申命记22章5节）。

3）拜偶像。这是神所极其恨恶的罪之一。"拜偶像"也分普遍意义上的拜偶像和属灵意义上的拜偶像。

在属肉空间的人

首先，普遍意义上的"拜偶像"是指人作为神的被造物，不寻求神，反而敬拜、侍奉用金银铜木所雕刻的各样形像（出埃及记20章4-5节）。人拜偶像，其罪的报应会临到子孙三四代，这意味着一个家族的彻底没落。只要试探和患难及至三代，足使一个家族几乎面目全非。代代拜偶像的家庭，他们常经魔鬼的试探与患难，其子孙身上忧患疾苦不止息，尤其附鬼的人、精神病人、酒精中毒者等灵里受魔鬼撒但亵渎的人多有出现在这些家庭中。其子孙即便接受耶稣基督并信神，在信仰生活中也会受到比别人更多的拦阻，因为仇敌魔鬼撒但不停地对他们进行亵渎和攻击。

属灵意义上的拜偶像则是指一个人认识并相信独一的真神，却爱某些事物胜过爱神。人若因喜爱看电视或球赛，或因一些爱好而犯安息日（主日）；在信仰上有热心的人，自从交异性朋友开始，忽略祷告和教会生活，这些都属于属灵意义上的拜偶像。除此之外，爱肉体的家族胜过爱神；喜爱宴乐、奢侈，爱名利、权势胜过爱神等，超过爱神的所有一切，都属于偶像。

4）"邪术"是指不正当的方术、妖术、法术。

其中法术是在巫术或卜术等方面常用的手段。信主的人算卦算命，是神所憎恶的行为。不信神的人行法术也是有害无益，反倒招来邪灵，遭遇更大的灾祸。

从前我常看到，人们因邪灵的工作遭灾，就去跳大神。他们不但不能消除灾祸，反倒发生更多使他们跳大神的事。一旦去跳大神,在其家庭中作工的邪灵就变得安静,好像家里得到平安。但没过多久,那以前的灾祸卷土重来,或者比那更大的灾祸临到他们。这是邪灵为了继续受崇拜而施行的手段。而且灵眼打开的人能看到携带符咒的人或家庭里,有邪灵蜂拥而至。算命是徒劳的。因为邪灵不能预测未来。邪灵也是灵界的存在,所以在某种程度上能够辨认属肉人的心,并以此为据说出将来的事而欺哄人。用暂时的掩饰和骗术来迷惑人,受人崇拜,这就是邪灵的诡计。"邪术"不单单指交鬼的法术,在更大的意义上来讲,也包括圈套,即用诡计和巧妙的谎言引诱他人。这也是我们当警惕的。用恶的计谋陷害人是显而易见的"情欲的事",行这样事的人是自取灭亡,无法逃脱神公义的审判(箴言26章27节)。

5)"仇恨"是指对他人心怀怨恨,希望对方毁灭,并付诸行动。人对不合自己心意的人心怀恶的情绪,进而远离他,甚至会仇恨他。其程度过甚,就会情绪爆发,以至诽谤、中伤、陷害于人。

6)"结党"是指本该与全体合一的人,以不合自己的心意为由而搞纷争,另结帮会。他们随从私欲成帮结伙,对他人进行非难、攻击、议论、诽谤和定罪,导致家庭里、邻里、教会里出现派别。结党必然酿成拆毁和分离的结果。

7)"纷争"是指随从私欲而结党搞分离。家族之间分门别类,教会里结党分离出去等事均属于纷争。大卫的儿子押沙龙随从私欲结党反叛父亲大卫要夺取其王位。神厌弃这种人，因此押沙龙叛变失败，最终悲惨地死去。

8）"异端"是指不认耶稣基督（约翰一书2章22节；4章2-3节），即指口称信神，却否认三位一体的神，或否认用宝血买我们的主耶稣基督，自取速速地灭亡的人。彼得后书2章1节说："从前在百姓中有假先知起来，将来在你们中间，也必有假师傅，私自引进陷害人的异端，连买他们的主他们也不承认，自取速速地灭亡。"《圣经》明文规定异端的定义，因此人不能擅自对承认圣父、圣子、圣灵三位一体的神，并承认耶稣基督的人或组织团体定为异端。

9）"嫉妒"是指忌恨心变得强烈，以至行恶于对方。"忌恨"是在觉得别人比自己强时心里翻腾，感觉不适，心怀怨恨并排斥对方。忌恨会发展成加害于他人的行为。扫罗王看到大卫蒙百姓的爱戴和尊崇胜过自己，便忌恨大卫，动员三千兵力追杀大卫，甚至将隐藏大卫的祭司八十五人杀死，并将祭司城的男女老少赶尽杀绝。

10）"醉酒"。人醉酒就不节制，无法分明是非，以致妄言妄语，胡作非为，酿成不可收拾的后果。挪亚在洪水的审判过后，喝多了葡萄酒便醉了。这事导致可怕的结果——张扬父亲挪亚过犯的第二子含受了咒诅。以弗所书5章18节说："不要醉酒，酒能使人放荡，乃要被圣灵充满。"醉酒是犯罪。或许有人说喝一杯不算罪，但要知道即使喝一杯目的仍是醉酒，因此成为罪。再者，人们喝酒之后，往往借着酒劲，犯各样罪。

以色列地方原本水源稀少，所以神允许以色列人以喝葡萄酒（清酒），或用糖度比葡萄更高的果子酿造的浓酒代替饮用水（申命记14章26节）。不过以色列人喝葡萄酒，并不意味着神允许人喝酒（利未记10章9节；民数记6章3节；耶利米书35章6节；但以理书1章8节；路加福音1章15节；罗马书14章21节）。神甚至警戒我们远离醉酒的诱惑，干脆看都不要看（箴言23章31-32节）。对王或分别为圣的人，神更加严禁他们喝酒（民数记6章3节）。只有在特殊情况下允许人喝葡萄酒和浓酒。因为这些发酵的果汁喝多了会醉，因此以色列百姓只是把它当作饮料来饮用，并没有以醉酒的目的饮用。

最后，"邪荡"是指放纵，不正，不受约束或行为不检点，即指沉溺于美酒、色情、赌博或各样棋艺等而行为不正。世上有这类的人——随从情欲寻欢作乐，甚至完全沉溺于其中而无法自拔。从而不能尽自己的责任与本分，丧失做人的良知。不保守己心、好色过淫乱的生活、放纵情欲，妄度人生等这些都属于邪荡。信主的人若仍过这样的人生，不仅无法将己心献给神，也无法离弃罪恶，最终不能承受神的国。

不能承受天国的意义

人们行这种情欲之事的根本原因就是：故意不认识创造主——神。

罗马书1章28-32节说："他们既然故意不认识神，神就任凭他们存邪僻的心，行那些不合理的事；装满了各样不义、邪恶、贪婪、恶毒（或作"阴毒"）。满心是嫉妒、凶杀、争竞、诡诈、毒恨，又是谗毁的、背后说人的、怨恨神的（或作"被神所憎恶的"）、侮慢人的、狂傲的、自夸的、捏造恶事的、违背父母的、无知的、背约的、无亲情的、不怜悯人的。他们虽知道神判定行这样事的人是当死的，然而他们不但自己去行，还喜欢别人去行。"

"行这些事的人，必不能承受神的国"意指行情欲之事的人不能得救。当然，并不是说犯了一两次情欲的事就会彻底不得救。不懂真理的初信徒或信心软弱的人，他们尚未完全离弃情欲的事，但并非不得救。无论是谁，信心得以完全之前，难免有大大小小的过犯，但只要依靠主宝血的功效，悔改归正，就能得到饶恕。但若继续犯情欲的事，不努力回转，最终不能得救。

什么叫至于死的罪？

约翰一书5章16-17节："人若看见弟兄犯了不至于死的罪，就当为他祈求，神必将生命赐给他；有至于死的罪，我不说当为这罪祈求。凡不义的事都是罪。也有不至于死的罪。"如经上所记：罪有至于死的罪，也有不至于死的罪。那么，令人不能承受神的国，至于死的罪都有哪些呢？

希伯来书10章26-27节说："因为我们得知真道以后，若故意犯罪，赎罪的祭就再没有了，惟有战惧等候审判和那烧灭众敌人的烈火。"如果继续明知故犯违背神道的罪，这是敌对神的行为。对这等人神不会赐给悔改的灵。

希伯来书6章4-6节说："论到那些已经蒙了光照、尝过天恩的滋味，又于圣灵有份，并尝过神善道的滋味，觉悟来世权能的人，若是离弃道理，就不能叫他们从新懊悔了。因为他们把神的儿子重钉十字架，明明地羞辱他。"得知真道，并体验圣灵作工的人，若做出敌对神的行为，也是得不到悔改的灵，从而不得救。将圣灵的作工诬蔑为魔鬼的作为，或定罪为异端等行为都是属于亵渎圣灵，干犯圣灵的罪，这也是属于不得赦免的至于死的罪（马太福音12章31-32节）。

如上所述：罪也有永不得赦免的罪。作为神的儿女万不可犯这样的罪。无论再小的罪，若日积月累，最终也会发展成重罪，因此要时时刻刻用真理来保守自己。

5. 耕作

神为了得到真儿女，创造人类于地上，直到最后的审判，掌管整个人类历史的过程称作"耕作人类"。

"耕作"是指农夫通过撒种培育的辛劳，收获果实的过程。神也是为了通过在这地上耕作人类的辛劳，获得真儿女的果子，栽种了第一个种子——亚当和夏娃，并且如今也在对无数的人进行耕作。神早已预知祂所造的人将来会悖逆堕落，自己会因此而忧伤。但因预知会出现许多因着爱神而弃罪成圣，以神的心为心的真正的儿女们，便用爱心耕作人类到底。

人是用土造的，因而与土的属性相似。种子落在地上，会生根，发芽，开花，结果，土有孕育新生命的性质。而且土有随着所加添的成分而土质变化的属性。人也与此相仿：爱发脾气或恼怒的人，其心田必然渐渐变成怒气多的土质；爱说谎的人，则越来越变成虚谎的属性强烈的土质。自从亚当犯罪之后，他和其后裔都变成属肉的人，急速被非真理所沾染。

于是人需要开垦心田，重新恢复属灵状态的耕作的过程。人类在这地上受神耕作的目的总归是开垦心田，恢复亚当堕落之前的圣洁的心。为了使人领悟这一耕作的旨意，神在《圣经》处处记录了有关耕作的比喻（马太福音13章；马可福音4章；路加福音

8章）。

在马太福音13章里耶稣将人心分成路旁地、石头地、荆棘地、好土这四个类型。借此我们当查验自己属于哪种地，或属于哪种地和哪种地交融的状态，并开垦成好土，得神的喜悦。

四种类型的地

1) "路旁地"是因人们长时间来往踩踏而变得坚硬凝固的地。在这种地里撒种，因种子无法入土，就无法长苗，即无法进行生命活动。

属灵意义上讲"路旁地"是指无论传怎样有能力的福音，叫他信，却坚决不领受之人的心。他们的心地刚硬，里面充满着固执、强烈的自我意识、自尊心等，便将种子，即道撒在其中也无法入土生根。耶稣时代的犹太人领导阶层，因固执自己的想法，便排斥大行权能的耶稣，抵挡福音。如今，那些持有路旁地一样心地的人，见到神的权能照样也不敞开心门，不接受福音。

路旁地因为坚硬，即使撒种在其上，因无法入土，飞鸟来吃尽了。这里"飞鸟"指的是撒但。因为撒但夺走神的道，所以无法拥有信心。这类人因周围人的劝勉，勉强出席教会，不但不肯领受神的道，而且在思想上对传讲神道的牧会者加以论断、定罪。他们因心地刚硬，不肯敞开心门，神的道落在其心田，也无法结实，以至不得救。

在属肉空间的人

2)"石头地"。"路旁地"压根就没有领受神言语的心,因此听了神的道也是无法醒悟。但"石头地"是能醒悟的。务农的人都知道:种子撒在石头地,发苗稀疏,长势很弱。就像马可福音4章5-6节所说:"有落在土浅石头地上的,土既不深,发苗最快。日头出来一晒,因为没有根,就枯干了。"落在石头地里的种子,即使发苗,却因扎根不深,立刻就枯干。

这类人听道时虽然悟道,却不能凭信心领受。因此马可福音4章17节说:"但他心里没有根,不过是暂时的,及至为道遭了患难,或是受了逼迫,立刻就跌倒了。"这里所谓的"根"就是指"道"。诸如:要守安息日;遵行十分之一奉献;不可拜偶像;要彼此服事;要谦卑等等……他们听道时虽然"阿们",并且立志照其而行,可是一旦遇到难处,就守不住信心。而且,在蒙恩时感激、欢喜,一旦遭遇苦难、逼迫和患难就立时灰心丧志。虽然通过听道认识神的道,但因为内心里没有确信,便无行道的能力。

3)拥有像"荆棘地"一样心地的人,虽然听了神的道就醒悟,并遵行,但是因为不能完全照神的旨意行,所以结不出美好的果子。对此马可福音4章19节说:"后来有世上的思虑、钱财的迷惑和别样的私欲,进来把道挤住了,就不能结实。"

拥有这类心地的人,好像遵行神的言语,信仰状态良好,不过一旦遇见试探、患难,灵命就停滞成长了。

他们因成为世上的思虑和钱财的迷惑,以及别样的私欲的俘虏，便无法体验神的作工。比如：当荆棘地的人落到事业倒闭，受许多的苦，要进监狱的地步时，只要撒但通过他的意念迷惑："略走偏路，能还清一切债务"，便中了撒但的诡计。然而，无论怎么艰难，只要顺从善道，不偏离正道，必蒙神的帮助。

这类人目前看好像是遵行神的言语，但是何时有了钱财的迷惑，或遇见试探，就轻易跌倒了。虽然愿意顺从神的话语，但因里面充满私欲和人意，无法完全凭信心行事。虽说是向神交托，并热切祷告，到头来还是依靠自己的经验和理论行事。因为跑在神的前头，照自己的计划和想法去做，以致事情起初看似顺利，最终还是以失败告终。雅各书1章8节称这类人为"心怀二意的人"。荆棘树在起初发苗的时候，没有什么害处，但长大了情况就迥然不同了。照样，放任世上的思虑或贪欲，撒但就会巧妙地引诱，使神的道结不了果子。因此，我们心地里若有荆棘，哪怕是再小的也要将其除掉。就是要把世上的思虑连根拔除，邪情和私欲也要彻底钉在十字架，一心爱慕属灵的事，带着热心，向前奔跑。

4) "好土"是指农夫精心开垦的肥美的土地，即翻耕坚硬的土地，拣除石头，拔除荆棘的地。正是照神的命令，不可做的不做，该离弃的离弃净尽的心田。这样的土地上没有任何障碍物，因此神的道落在其中，就可以结实三十倍、六十倍、一百倍，凡祷告祈求的立刻都蒙应允。

那么，我们怎样知道我们成就好土之心的程度呢？只要察验自己遵行神言语的程度就可以了。有的人虽然听了神的道，却因肉体的困乏、懒惰，以及非真理的意念和贪婪，不能遵其而行。然而，"沃土"因没有这些妨碍因素，听了道就立刻醒悟，并遵行。只要定准是神的旨意、神所喜悦的事，就立刻付诸行动。

我们从前难行的，随着心地的开垦，就能容易行；我们憎恨、嫉妒、论断别人的心，就渐渐变成充满爱心和怜恤的心；骄傲的心就变成谦卑的心和服事人的心。这样，我们弃绝各样的恶事，做成心里的割礼，就是开垦心地，变成沃土的过程。神的道落在这种沃土般的心田里，就会茁壮成长，结出肥美的果子，即结满累累的圣灵的九种果子、光明的果子。

成就沃土之心的人因为常有心里信的信心，祷告的时候也会做出如火般的祷告，领受神的能力，且能清晰听到圣灵的声音，照神的旨意遵行。这样，成就沃土之心，用心听神的道，铭刻在心，并且遵其而行，这样的人才是神通过耕作而要得到的果子。

与心田有关联的器皿质地

器皿质地决定开垦心田的果效。器皿质地相当于人心的材质，反映到听道的姿态、铭心的程度、遵行铭心之道的程度上。《圣经》将人器皿质地分为金器、银器、木器、瓦器四类（提摩太后书2章20-21节）。

听了同一篇道，表现却因人而异。有的人只以"阿们！"领受；有的人因不合自己的意念和知识，就加以论断，或当作耳边风；有的人则以恳切的心听道，并努力遵其而行；有的人则听时蒙恩，转过来就忘了。

这就是各人器皿质地的差异。有的人听道时专心致志；有的人则带着杂念、困意，或在无意识中听道。这两者将道铭刻在心的程度会呈现很大的差异。听了同样一篇道，将道铭刻在内心的人和漫不经心地听的人是有天壤之别的。

> "这地方的人，贤于帖撒罗尼迦的人，甘心领受这道，天天考查圣经，要晓得这道，是与不是。"（使徒行传17章11节）；"所以我们当越发郑重所听见的道理，恐怕我们随流失去。"（希伯来书2章1节）

专心听神的道，将所听的道铭刻在心，并遵其而行的人就是器皿质地好的人。器皿质地好的人，善于顺从神的道，从而能够迅速成为好土；成为好土的人，自然将神的道铭刻在心，并照着遵行，便能迅速成为更好的器皿。

好器皿造就好土；好土造就好器皿，两者起到互动作用。路加福音2章19节："马利亚却把这一切的事存在心里，反复思想。"童女马利亚是一个珍惜并铭刻神道的好器皿，因此蒙神赐福，因圣灵感孕怀了耶稣。

如哥林多前书3章9节所说："你们是神所耕种的田地"，我们就是神所耕作的田地。因此只要专心聆听神的道，并遵其而行，必

在属肉空间的人

然变成好土般圣洁的心，并成为合神使用的金器，被神重用。

与器皿的大小相关的器皿质地

有一个与器皿质地相对的概念，那就是心质地。这是关乎用心开阔的程度。若说器皿质地跟器皿的材质有关，那么心的质地则与器皿的大小有关。心质地可分为四个类型。

第一是：做事过于自己本分之工作的人，是心质地好的器皿。比方说：当父母吩咐子女捡地上的废纸时，有的子女不仅捡废纸，连垃圾桶也倒好了，甚至把房间每个角落打扫的干干净净，让父母高兴，因为他们做事过于父母的期待。还有的人打扫卫生时，只打扫自家门面，有的人连邻居的大门，甚至胡同也打扫干净。这样用开阔的心怀待人处事的人，会在凡事上得别人的称赞与认可。司提反执事和腓力执事，虽不是神的仆人，但他们没有因不是神的仆人为由，轻忽适当地过信仰生活，而是竭力成圣，忠于使命，造就成了不比神的仆人逊色的"心质地"，在神面前成为无可指摘的真儿女。他们便蒙了神的厚爱，得神的喜悦，虽然身为执事，却在民间行了许多大权能和神迹奇事。

第二是：仅仅做自己分内事的人。这类人虽然确实做好自己本分的责任和义务，却不能照顾周围的人和事，也无法在为帮助别人的事上费心。父母叫他捡废纸，捡了废纸就了事。他们虽然因着顺从，得到称赞，但不能得父母的喜悦。在主里面接受某种使命时，有的人只做好自己本分的事，对其他方面却不费心思。这样的人无法大得神的喜悦。

第三是：只做自己当作的事，而且又是勉强做的人。这类人作工的时候，不是以感谢和喜乐的心做，而是带着满心的不平和不满。他们凡事消极，对牺牲自己，服事别人的事上尤为吝啬。虽然在义务感的催使下担当自己的使命，但是会难为别人，给人带来负担。人无论做什么，神看的是人的内心。我们成就自己的使命时，不可带着吝啬的心，勉强行事，只要凭着对神的爱心，心甘情愿地担当使命，这样才能得神的喜悦。

第四是：因为行恶而倒不如不参与的人。这类人不但不担当使命，而且连责任心和义务感也没有。不仅没有关怀别人的心，且因主张自己的想法和观点而为难别人。如果他是一个管理灵魂的主的仆人或是工人，就因无法用爱心照料羊群，会丢失或绊倒自己的羊。这类人既不悔改自己的缺点，也不努力担当好使命，反而总是怪罪别人，埋怨环境，甚至放弃使命。这样的人倒不如不做事。

希望大家省察自己在前述的四类人当中属于哪一类型。若发现自己"心质地"还有欠缺的部分，当要改变自己，造就宽大的胸怀。为此首先要洁净心灵，具备良好的"器皿质地"。器皿不好的，总是没有"心质地"好的。在方方面面带着热心行事，成全舍

在属肉空间的人

己献身的心，这就是使"心质地"变好的路径。

"心质地"好的人，能够得神的重用，归荣耀于神。约瑟就是这样的人。他虽然因着哥哥们的嫉妒，被卖到埃及做了波提乏的奴仆，却没有哀叹自己的身世。他并没有为了不受责打而被动做主人所吩咐的事，而是以主人的心肠，诚诚实实地料理主人的家务，以至得到了主人波提乏的信赖，成为家庭总管。他虽然被人诬陷下在监牢，但在那里他也用诚实的心做事，最终蒙神拣选，成为治理埃及全地的宰相，拯救了自己的家族和民族。

约瑟若心质地不好，就会被动地做主人所托付的事。其结果只能终身在埃及当奴仆，或命终监狱。然而，约瑟在自己所处的环境中时时刻刻在神面前竭力尽自己的所能行事，凭宽大的胸襟，用真理的耳目判断是非，竭力行善，以至被神大大使用。

麦子还是糠秕？

亚当犯罪以后，神在属肉的空间长久岁月对人类进行耕作。到时候神将施行公义的审判，把麦子收在天国里，把糠秕投入地狱。因此，马太福音3章12节说："他手里拿着簸箕，要扬净他的场，把麦子收在仓里，把糠用不灭的火烧尽了。"

这里"麦子"是指由衷地爱神，并遵行神的话语，住在真理里面的人。糠秕则指不住在神的话语里面，随从违背真理的恶，不接待耶稣基督，反而犯情欲的事，在罪孽中生活的人。神如同撒种的农夫，盼望丰收麦子，愿所有的人都成为麦子，蒙恩得救（提摩太前书2章4节）。但到秋收的时候，难免出现一些糠秕。同样，在耕作人类的过程中并非人人都成麦子，得到救恩。

若不懂这一神耕作人类的旨意，就会质疑："既然神是爱，为什么不拯救所有的人，使有的人走向灭亡之路，有的人走向得救之路？"但这不是神任意规定的，乃在乎各人的自由意志。凡在属肉的空间受耕作的人，都要在天国和地狱的交叉路口，凭着自由意志选择一方。

"凡称呼我'主啊，主啊'的人，不能都进天国；惟独遵行我天父旨意的人，才能进去。"（马太福音7章21节）

"世界的末了也要这样。天使要出来，从义人中把恶人分别出来，丢在火炉里。在那里必要哀哭切齿了。"（马太福音13章49-50节）

这里所谓"义人"是指信主的人。就是要在信的人当中分别麦子和糠秕。即使信耶稣基督，并出席教会，若不遵行神的旨意，这人就是恶人、糠秕，其结局只有被扔进地狱的火中，永受酷刑。

神透过《圣经》向我们显明创造主——神的心意和耕作人类的计划和旨意，使我们明白人生真正的目的。因为祂愿我们都能造就好的心田、好的器皿质地和心质地，成为神的真儿女，收入天国仓里的"麦子"。然而，不知有多少人在这罪恶和不法的事满盈的世界中，追求虚妄之事！这是因为人受魂的支配的结果。

魂的生成
(属肉空间里的魂的作用)

———————

人的意念从何而来？
我是不是灵魂兴盛的人？

"将各样的计谋，各样拦阻人认识神的那些自高之事一概攻破了，
又将人所有的心意夺回，使他都顺服基督。
并且我已经预备好了，等你们十分顺服的时候，
要责罚那一切不顺服的人。"

(哥林多后书10章5-6节)

第一章

魂的生成

灵死的人,只能在属肉的空间生活,魂取代灵的位置成为主宰。
魂受撒但的辖制,从而人终身随从无数的魂的作用而生活。

在漆黑的夜晚用超音波原理准确无误的捕捉到食物的蝙蝠、具有稀奇本能的大麻哈鱼、可飞行数千公里的鸟类，还有一分钟可啄木近千次的啄木鸟等，看到这些神的受造之物，我们便能感受到神超人的智慧和能力，及创造手段的奇妙。

然而，以灵、魂、肉的结构受造的人类，正是为了治理这一切万有而受造的。我们人类在表面上看没有狮子或老虎那样力大敏捷，视觉和嗅觉也没有其他的动物出色。尽管如此，人类被称之为"万物之灵长"，是因为人类根本上跟动物有区别——人有灵。

除外，人类还具有高超的头脑功能，即思想能力。人类本有神所赋予的智能。借此，人类直到如今得以发展科学文明，治理万物。这一切正是与"魂"有关联的部分。

1. 魂的定义

头脑里的记忆装置和其里面储藏的知识，以及将这些知识浮想而产生的意念统称为"魂"。

我们学习灵魂肉的理由是：清楚明白魂的作用，全然恢复神喜悦的属灵的魂，使灵重新恢复主宰的地位，治理和支配魂，不再受撒但的辖制。

"魂"在词典里的释义是：指附在人体上主宰人，又可离开肉体而独立存在的精神或情绪。属灵的含义则不同：人的头部有脑细胞。这脑细胞里面有记忆装置。就像电脑的主机有存记和再生信息的功能，神创造人的时候，就是在人身上创造了记忆装置。假设脑细胞是一个器皿，把装在其中的内容浮想出来就是"意念"。器皿和盛在其中的内容物，及所思所想的一切统称为"魂"。人把眼见、耳闻、受教的与感觉一同存入脑细胞，又把存在其中的浮想出来。这就是魂。正是因为有了魂，人可以记忆和思想。

人的魂好比一台电脑将文件储存在硬盘里，按需调出来应用的过程。人因为有魂，所以能够记忆或思想。魂如同人的心脏，起着非常重要的作用，"肉"如同魂的衣服，使肉和魂更加完全的就是灵。

人出生在这世界，在成长过程中把眼见，耳闻，并感受的，存记在头脑里。比如说：语言、文字、行为，社会规范，以及人为了生活所必要的一切。按着魂的信息存储量的大小，各人的记忆力，或智能也出现差异。一个人的智商首先跟父母的遗传基因有关系。然后是通过学习，体验等后天性因素所形成。智商是通过不懈的努力可以提高的。

魂作用的重要性

魂的作用取决于我们在脑细胞记忆装置里盛装什么样的资料。人每天都在看、听、感觉事物，并记忆其内容。有时浮想其内容，或借以计划未来的事，或分辨是非，或推论判断。

肉体就像盛装灵魂的一个器具；魂则通过思想的功能，打造人的品性、性格、判断标准，且对心田的形成起到主要的作用。因此，人生的成败跟魂的作用有着密切的关系。

1920年9月19日，在印度加尔各答西面约1000千米的勾达姆里村发生的事：在该村传教的传教士辛格牧师听土著人说长得像人的怪兽与豺狼一起生活在一个洞穴里。辛格牧师在土著人的帮助下捉到了"怪兽"一看，原来是两个小女孩。

辛格牧师在育儿日记中写道：两个孩子除了长得像人以外，一切行为跟豺狼没有两样。于是人给她们取名叫"豺狼少女"。其中一个孩子没过多久就死了。取名叫卡玛拉的女孩与辛格牧师夫妇一起生活了9年，最后死于尿毒症。

卡玛拉白天坐在房间的角落里打瞌睡，或面朝着墙一动不动，一到夜间，到处乱窜，象狼那样嚎叫，远处都能听到其声音。吃食物时不用手抓着吃，而放在地上舔着吃。而且用四肢像豺狼一样奔跑。当同龄的孩子们靠近，就露牙吼叫，并躲避他们。

辛格牧师为了使"豺狼少女"恢复人的样式而费尽心机，但并未成功。她与牧师共同生活3年之后，才开始用手吃饭，5年之后才能作出喜乐或忧伤的表情。据说卡玛拉直到死，其感情表现只停留在原始的水准，就是狗见到主人摇尾巴表示欢喜相似的水准。

透过这一故事我们可以得知：我们具备做人的资格，是与魂有着直接的关联。卡玛拉看着并效法豺狼的行为表现而成长。她因为没有领受人当具备的知识，所以魂没能发育，而且吃豺狼的奶，接受豺狼的"精气"而成长，便豺狼的气质渗透于她。

人与兽的差异

人是以灵、魂、肉构成，其中最重要的是灵。人的灵是神赋予的，因此永不消灭。"肉"终究归于一把尘土，但灵和魂互相结合，永远长存，最终进入天国或地狱其中一处。

神造兽类的时候并没有吹入生气，因此兽类只以魂和肉构成。兽的魂也像人一样以脑细胞记忆装置为基础而存在的。将生存过程中所见、所闻存入其里面。但兽没有灵，从而没有"心"这个器皿，因此将所见、所闻的一切只存入脑细胞的记忆装置里。

传道书3章21节说："谁知道人的灵是往上升，兽的魂是下入地呢？""人的灵往上升"意指人的魂与灵结合进入天国，或地狱；"兽的魂下入地"则意味着其魂消为无有。呼吸断绝，脑细胞坏死，随之其里面所记忆储存的内容均消为无有，魂的作用也归为无有。故事或电影中出现黑猫或蛇等兽类对人报仇的内容，只是人们想像的产物。

兽虽然也起魂的作用，但只是局限在顺着本能，满足生存需需。它们本能地感觉到死亡的恐惧，受到威胁时出现抵抗或恐惧的表现，却没有复仇的能力。

而且，动物因没有灵，无法寻求神，或思想神。水里的鱼能思考怎样才能遇见神吗？然而人在跟动物完全不同的维度（次元）空间里进行复杂多样的魂的作用。人具有追求超乎吃喝生存以上之价值的能力——发展文明，探索人生的意义，发明哲学和宗教。

人之所以能比动物进行更卓越的魂的作用，是因为除了具有魂和肉以外，还具有灵。即使是不认识神或不信神的人，因为有灵的缘故，虽是茫然，也会打本性里对死后的世界或灵界抱有恐惧感。但他们因其灵已死去，所以受魂的操控，终身犯罪作恶，最终落入地狱。

什么叫属魂的人？

始祖亚当在受造之始是能与神交通的存在。灵在亚当身上作主，单单顺从神的话语，魂如同灵的奴仆，完全服从灵的指示。当然，那时的魂也是起着记忆和思想的作用，但因为没有非真理的恶念，所以对灵的指示百依百顺。然而，自从亚当摘吃善恶果，灵死去之后，就受撒但的辖制，成为顺着非真理思想和行动的属魂的人。撒但主管人的魂，不停灌输非真理，于是人渐渐与真理疏远。因此，属魂的人就是指因着灵的死亡，再也无法从神领受属灵知识的人。

灵死的属魂的人是无法得救的。初代教会的圣徒亚拿尼亚和撒非喇夫妇是其中的一例。他们口称信神，但没有真信心。因而受撒但的唆使欺哄圣灵，跟神说谎话。其结局如何呢？

> "……你不是欺哄人，是欺哄神了。亚拿尼亚听见这话，就仆倒，断了气。听见的人都甚惧怕。"（使徒行传5章4-5节）

《圣经》对他们的死形容为"断了气"。这意味着他们未能得救。与之相反，司提反执事是一心一意顺从神旨意的属灵人。他爱心甚多，甚至求神宽恕那些无故乱石击打他的人们。他在殉道之时，将自己的灵魂交托于主："求主耶稣接收我的灵魂！"（使徒行传7章59节）

因为他已信了耶稣基督，领受了圣灵，灵得以重生，所以能够求神接收他的灵魂。从中可以得知他得救了。

神下令灭绝亚玛力人的缘由是什么？

出埃及的以色列民跟从摩西向迦南地进军的时候，遭到亚玛力军队的亵渎和拦阻。他们虽然看到神在埃及所行的大能神迹，却仍不惧怕与以色列百姓同在的全能神。他们在路上遇见以色列百姓，趁他们疲乏困倦，击杀尽后边软弱的人，甚是苦害他们（申命记25章17-18节）。

后来，神因着此事令扫罗王攻打亚玛力（撒母耳记上15章），连男女老少，带牲畜都要灭绝净尽。我们若不明白其中的灵意，就无法理解这些话语。

"听说神本为善、本为爱，但为什么要下令连人带牲畜一同灭绝呢？"如果不明白属灵的含义就无法理解神这样做的理由。兽类的头脑也有记忆装置，经人训练就能在某种程度上记住并行动。但兽类因为没有灵，死了就会归于尘土，在神看来是毫无价值。同样，灵死去而不能得救的人，终究要下地狱，因此在神看来也是毫无价值的。

亚玛力人因奸诈而残忍，到了即便给他们更多的机会，也无法回转的地步。他们中间若有悔改之可能性的，或仁义之人，神会千方百计地引他们进入得救之路。要回想神对罪恶满盈的所多玛和蛾摩拉地所作的"若有十个义人，决不灭绝他们"的应许。

神是满有恩慈、不轻易发怒的神。可是，亚玛力人过于刚硬，无论过多少岁月，他们是不会悔改，不得救恩。他们不是"麦子"，而是"糠秕"，是注定灭亡的存在。因此，神下令除灭敌对神百姓的亚玛力人。

"我心里说：这乃为世人的缘故，是神要试验他们，使他们觉得自己不过像兽一样。"（传道书3章18节）

意思是：神试验人，人就会与兽没什么区别。灵死的人只有肉与魂，其行为如同兽一般。当然，恶贯满盈的现今时代，连兽都不如的大有人在，他们不得救是理所当然的。兽死了就消为无有，一了百了，但人不得救，就要到地狱遭受永刑，因此他们可以说是禽兽不如的存在。

2. 属肉空间里的无数的魂的作用

因着亚当的犯罪，人的主宰——灵死去，便属灵的能量渐渐被减除，取而代之属肉的能量进入，从而属肉的魂的作用就开始了。

魂的作用可分为"属肉的魂的作用"和"属灵的魂的作用"。亚当在是有灵的活人的时候，单单从神领受真理，因此只有属灵的魂的作用，即属真理的魂的作用。然而，自从灵死后，开始了属肉的魂的作用，即在撒但的主管下开始产生非真理的魂的作用。

> "对他说：'这一切权柄、荣华我都要给你，因为这原是交付我的，我愿意给谁就给谁。'"（路加福音4章6节）

这是魔鬼试探耶稣的场面。此经文显示魔鬼并非起初就具备一切权柄，而是从亚当转让过来的。亚当虽然受造为"万物的灵长"，但因顺从罪，便作了魔鬼的奴仆，从而只好把自己的权柄交付给魔鬼。亚当的灵死去，并将所有的权柄交付给魔鬼之后，魂就开始在人身上作主，受魔鬼撒但的辖制。

撒但因无权辖管人里面的灵或真理，便辖制人的魂，并渐渐侵蚀人的心。给人的意念里灌输百般的非真理，操控人魂的作用，同时相应支配人的心。

有灵的活人——亚当，其里面只有真理的知识，因此灵就是他的心。但自从与神之间的交通断绝之后，再也无法领受真理的知识和属灵的能量，取而代之仇敌魔鬼撒但所栽植的非真理的知识扎根在其心里，形成非真理的心。

当要攻破属肉的魂的作用

　　大家有没有出现与心迥异的离谱的行动或言语的经历呢？这是因为受到魂的主管的缘故。魂包裹着灵，因此只有攻破属肉的魂的作用，才能使灵活动自如。那么，怎样才能攻破属肉的魂的作用呢？最重要的是要承认自己知识和意念的错谬。这样才能具备领受与自己的想法相违的真理之道的基本条件。

　　耶稣常用比喻来打破人们错误的想法（马太福音13章34节）。但法利赛人，甚至门徒们也未能醒悟。因为固定观念和肉体的意念已在他们心里安营扎寨，用以臆测和论断所听的一切话。当时的律法主义者们因耶稣在安息日医病，就定他为罪人。按常理来讲，耶稣行了除了神以外无人能行的权能，无疑是一位得到神的认定和爱的人。但他们因着主张古人的遗传，未能领悟神的心意。于是耶稣点醒他们错误的观点和框框。

　　"主说：'假冒为善的人哪，难道你们各人在安息日不解开槽上的牛驴，牵去饮吗？况且这女人本是亚伯拉罕的后裔，被撒但捆绑了这十八年，不当在安息日解开她的绑吗？'"（路加福音13章15-16节）

接着路加福音13章17节记载："耶稣说这话，他的敌人都惭愧了；众人因他所行一切荣耀的事，就都欢喜了。"他们透过耶稣说的比喻，得着醒悟自己错谬之想法和框框的机会。耶稣之所以用说比喻的方式试图打破人们错误的观念，是因为只有人的观念被打破，才能敞开心扉领受真理。

> "看哪，我站在门外叩门，若有听见我声音就开门的，我要进到他那里去，我与他，他与我，一同坐席。"（启示录3章20节）

这里所谓"门"就是意念的门，即魂。主用真理的话语叩响人们的意念之门。此时，若打开意念之门，即打破自己的魂，承认主真理的话语，心门就被打开了。然后将真理的话语盛装在心里，就能逐渐顺其而行，这就是与主一同坐席。即使真理之道与自己的想法和理论不合，也要以"阿门"来领受，便能攻破属肉的魂的作用。

如此，首先打开意念之门，然后打开心灵之门，才能使福音进入那包裹在魂里面的灵里。这就像大门外的人要见里屋的主人，必须首先开启大门，进到屋里，然后再打开里屋的门，是一样的道理。

攻破属肉的魂的作用的方法有好几样：有的人需要给他富有理性，并知识性的解释；有的人则需要给他看见神的权能，或者讲

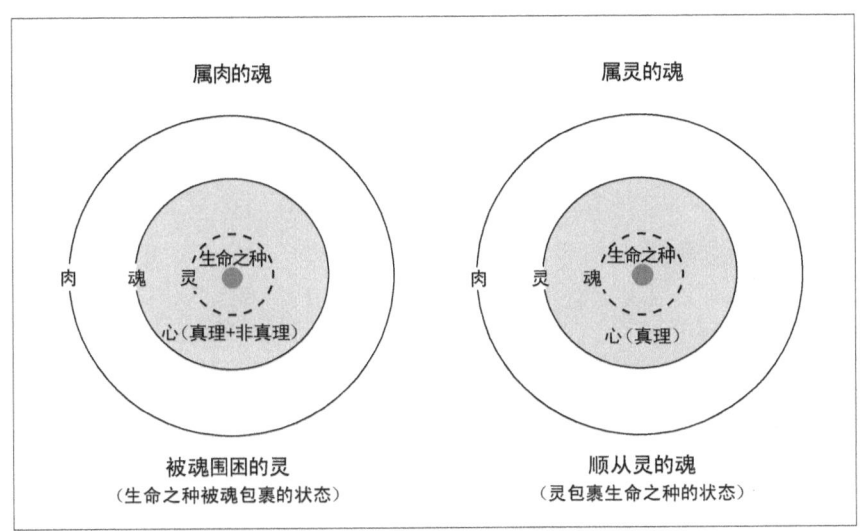

给适当的比喻听，才能使他意念之门和心灵之门打开，接受所传的福音。蒙恩得救的圣徒们若要信心增长，深入灵里，也需要持续不断地攻破属肉的魂的作用。信仰停滞，或停止灵命成长的人有很多，其原因是属肉的魂的作用拦阻人得到属灵的悟性。

记忆的形成过程

我们为了进行神喜悦的魂的作用，有必要了解人怎样将所领受的知识留在记忆中。我们都经历过这种现象：看过，听过之后毫无记忆，或记忆模糊；有的则过了长久岁月仍然历历在目，记忆犹新。随着人在记忆装置中存记内容之方法的不同，会呈现上述的差异。

第一是：无意识地付诸无有。这种情况是：虽然看或听了某种事物，却因不怎么留意或关注而归为无有。例如：一个人在乘火车回乡的路上，窗外展现着成熟的金色稻田。但满心都是对父母和家人的思念、想像团圆的欢乐、父母接受礼物时的欢悦，那么这人就记不起来半路上所看到过的景象。一个学生在课堂里揣摩放学后玩什么，这学生上完课就不知道学了什么，老师一问便什么都答不出来。明明坐在课堂上听了老师讲课，却把老师所讲的内容付诸无有。

第二是：存装。回乡路上的人若其父母是农民，他在眼望稻田的时候会想："我父亲也是务农的，这里有稻田，而且稻子已经成熟了"，如果只在这种程度上存装，半路上所看到过的场面大概能记得住，但无法详记，即使记得起来，但没过几天就忘得一干二净。学生在课堂上虽然听了老师的讲课，但只是漫不经心地存装而已，下课后若有人问听了什么课，虽然能够说出大概的内容，但过几天就会忘记，考试时便想不出答案。

第三是：栽植。如果是一个农夫路过时看到稻田，就会关注这个事情，他会仔细考察并思索："看来今年产量一定会很大，塑料棚造得可真结实啊！我回去要照着这个样式造试一试。"这样，就能记得很深，回到家里也会清楚详细的记起所看见过的景象。如果老师预先对学生说"今天下课后要考试，每错一个就打一次"，学生会全神贯注地听课，并在头脑里种下记忆，便能较长久地保持此记忆。

第四是：同时栽植在头脑里和心里。假如一个人看着悲伤的电影，想象自己成为电影的主人公，一起悲伤流泪，完全投入到剧情中，那么所看的内容不仅栽植在头脑记忆装置中，同时也会栽植在心里。也就是说，在强烈地记在脑细胞记忆装置中的同时，与所产生的强烈的感觉一同存入心里。这样心里和头脑里同时深刻存入的，除非脑细胞被损坏，会永远留在记忆中。即使脑细胞损坏，丧失思想的功能，但其内容依旧存记在心里。

假设一个七八岁的小孩子亲眼看到自己亲生母亲遭遇车祸去世的惨景。这孩子便不仅将此事记在头脑里，连当时受的打击和哀恸的感觉也栽植在心里。这样，心里和头脑里同时栽植的，即便过了长久的岁月也难以忘记。至此我们探讨了将资料存入记忆装置中的四种方法。这将对大家治理魂的作用带来很大的帮助。

不愿意记忆，却总是浮现的原因是什么？

为什么不愿意记忆，却总是浮现呢？原因是：把所见的某个情形，与感觉一同存入，并铭刻在头脑里和心里的缘故。

比如说：一想到自己所忌恨的人，忌恨的意念就执拗地浮现而受折磨。在这种情况下，首先要想起神的话语。神叫我们爱人如己，耶稣在十字架上受难的时候，曾求神宽恕那些把自己钉在十字架上的人们。神的旨意是叫我们成就善心和爱心，因此当除掉仇敌魔鬼撒但所栽植的一切非真理的心。

恨人的动机寻根究底往往是因着微不足道的事。按照哥林多前书13章的神言，我们应当求别人的益处，用温柔的心去理解别人。若用这些真理来省察自己就能发现许多自己的缺欠。醒悟自己的过错，就能使自己心里的坏情绪渐渐消除。我们若起初就用善心去感受，并存入，就不用因着恶念产生而受苦。即使对方的行为不合自己的心意时若想："应该有什么理由吧！"并在对方的立场上去理解，只把善念存在里面，想起那人时也不会浮现恨人的意念。

那么，针对已经与感觉一同存在心里的非真理当怎么办呢？

越是心里留下强烈印象的，越会执拗地浮现。此时，不要力图抹掉记忆本身，这是徒然的，只要把原来的感觉转换为真理。例如：把"不能宽恕"、"可恨"等感觉转换为"在他的立场上会那样做的"或"多么难过才这样做呢"等意念，反复地在对方的立场上去思考。

与此同时，要只想对方可爱的一面或长处，并为他祷告。用爱心多说一句温暖的话，送一些礼物，哪怕是小小的礼物。越是这样行，就越使仇恨的感觉转变为可爱的感觉，就再也不用因此而痛苦或烦恼。

我在接待主耶稣之前，在七年的病榻生涯中心里积累了很多怨恨。因着医学上医治无效的疾病缠身，前程暗淡，希望渺茫，所欠的债如同滚雪球一样膨胀，家庭已是面目全非。肩负家长重担的妻子，只好投入生活前线，一家亲戚看着我窘迫的生活，纷纷避而远之。

兄弟之间深厚的友爱也被打破。"他们怎能这样无情地抛弃我！"当时我因只想我的立场，感到无比的委屈，并怨恨他们。动不动就收拾行李回娘家的妻子、用辱言毒语使我心灵受到重创的岳母家人、他们每当看我时的那种蔑视的眼神，使我心里的怨恨日积月累。但这些堆积如山的心里的怨恨因着我认识真理而瞬间化为无有。

我接待耶稣基督之后，在听道的过程中，发现了自己的亏欠。我深深醒悟到：神叫我们爱仇敌，祂爱我们，甚至不惜牺牲独生爱子的生命来救赎我们，我是何等人哪！我岂能将怨恨存在心里！我换个立场思考：如果我有个疼爱的妹妹，因没有遇见好丈夫而受苦受累，为了养家糊口，拼力挣扎，我的心会如何？当我以对方的心为心进行思考的时候，得以充分地理解他们，将一切归罪于自己。

当我将意念改换一新，反倒觉得岳母家人很值得感恩。想起他们因同情我的处境，时而将大米和日用品供应给我的往事，也很感恩。因为有了这段艰难的日子，我才得以相信神，认识永恒的天国，这也令我非常感恩。当我更新了心意，仇恨变成了爱，那些曾经的病患之苦、与妻子的姻缘……一切都是那么的感恩。

不属真理的魂的作用

人若顺着非真理的魂的作用思想属肉的事，不仅对自己有害，也会贻害周围的人。那么，在我们生活中常见的非真理的魂的作用都有哪些呢？

1)彼此不能理解和包容

人在生活当中会形成自己固有的嗜好、价值观或是自以为是的框框。单拿穿衣服的爱好来说：有的人喜欢绚丽的花样和独特的款式，有的人则喜欢简单而利落的款式。看同一场电影，有人觉得有趣，有人觉得无聊。

于是人们往往对与自己性格不同的人，隐然感到不适。见同一个人，一个人觉得此人开朗、大方，一个人却觉得草率、粗鲁。气质相似的人之间比较容易相处、亲近，否则就彼此不相容、彼此觉得尴尬。譬如：金执事性格很积极开放，无论做什么事都要做得干脆利索才甘心，有不合心意的事，就直截了当地说出来心里才舒服。但李执事不管好坏不表现自己的情感，做事谨慎、三思而行，因此，在金执事眼里李执事性格太憋闷，不可理解。反之，李执事对直言直语的金执事觉得越来越难以相处。

如此，互不理解，互不包容，都属于非真理的魂的作用。因为人只喜欢自己看为美的，只认可自己认为是对的，所以无法理解和包容对方。

2)论断

"论断"意指：以自己的框框或感觉等对人或事物做出推论判断。在海外旅行中，我们会发现国与国之间的教养礼节上的差异：有的国家对餐桌上擤鼻涕的行为视为无礼而没教养的行为；有的国家则不以为然。有的国家，在别人请客时，如果将盘子里的菜一扫而光，则被视为一个非常无礼的行为；但有的国家刻意剩下一些菜才是体面的。

当一个外国人对一个用手抓饭吃的人说那样做是不卫生的时候，那人却主张说："我自己的手会洗得很干净，但那些饭店里的刀或叉子不一定那么干净，所以还是用手抓着吃更卫生。"如此，遇到同样的状况，每个人按着怎样受教领受，对其产生的感觉和看法会各不相同。因此我们不可拿人的判断标准去论断任何一件事，而要用真理去衡量。

另外一种情况是：照着自己的感觉和想法去论断别人的意图或行为。也就是将心比心。往往善于说谎的人，会轻易论断别人也在说谎；喜欢说别人坏话的人，看到别人悄声细语就会轻易论断他们正在说自己的短处。

譬如：有的人看到自己所熟悉的男女站在宾馆门前，就论断并随己意加以解释："他们一定是一起从宾馆里出来的，难怪以前总感觉俩人眼神不对劲，果然不出我所料！"

然而，他们是在宾馆咖啡厅交谈后出来的，还是在路上偶然碰面的，在直接确认之前，谁也无法明白真相。尽管如此，若凭自己的感觉加以论断定罪，甚至到处张扬，就会成为荒谬的谣言，大大伤害对方。

答非所闻也是出于论断。举例说：对一个常常迟到的人问："今天早晨几点到办公室的？"他就会很不高兴地说："我今天没迟到呀！"尽管问的意思只是想知道几点到办公室的，被问的人则立刻做出论断："这个人以为我今天又迟到了！"就这样做出离谱的回答。

> "所以，时候未到，什么都不要论断，只等主来，他要照出暗中的隐情，显明人心的意念。那时，各人要从神那里得着称赞。"（哥林多前书4章5节）

这个世界上论断、臆测、背后议论、定罪之事到处泛滥，涵盖家庭、社会、政治，甚至国家。这些恶必然引发纷争，招致不幸。人们虽然论断成性，但却执迷不悟。人们常说"不看也是明白的事"，"我一看（听）就知道怎么回事。"然而，人的知识是有限的。或许有时所论断的对，但问题是大多数情况是错误的。即便所论断的属实，也是得罪神，因为论断本就是恶，是神所禁戒的，因此我们断不可犯论断的罪。

3)定罪

人不仅常常随己意论断别人，进而定罪别人。现今不知有多少人成为网络虚拟空间论断、定罪的恶毒留言的受害者。我们日常生活中论断定罪的事屡见不鲜。有的人若看到认识自己的人路过时不打招呼，就把他定罪为目中无人的骄傲人。对方或许因视力不好，或深思某事而没有注意，却凭着自己的感觉加以定罪。

> "弟兄们，你们不可彼此批评。人若批评弟兄，论断弟兄，就是批评律法，论断律法。你若论断律法，就不是遵行律法，乃是判断人的。设立律法和判断人的，只有一位，就是那能救人也能灭人的。你是谁，竟敢论断别人呢？"（雅各书4章11-12节）

论断、定罪的人，是已经高过神的心高气傲的人。他们自取被神定罪。况且，对属灵的事加以论断定罪是更为严重的问题。其中一例是凭自己的知识和框框，对神的能力或旨意，加以论断、定罪。

当有人见证说自己接受祷告后绝症得到了医治，善良的人就会诚然相信。然而有的人听了之后却论断："单凭祷告绝症怎能得到医治！莫非医院误诊，要么就是错觉。"甚至有人加以定罪："一定是在说谎。"还有的人对靠神的大能红海分开、太阳和月亮停止运转、苦水变成甜水等《圣经》的记录，也加以论断定罪："这不可能是事实，是捏造的谎言！"

有的人口称信神，却对圣灵的作工论断定罪。若有人说开启灵眼看到属灵的世界，或与神交通，就说他走邪了，或说是神秘主义。这些事是出于神的作工，《圣经》上也有相关的记录，他们却凭自己打造的信仰的框框，肆无忌惮地定罪属神的事。

在耶稣时代的犹太人中，也有过按着自己的标准论断定罪耶稣的人们。耶稣在安息日医治病人，显然是神的大能借着耶稣彰显的结果，然而法利赛人不但对此漠不关心，反倒说耶稣在安息日作工，是冒犯安息日，是个罪人，他们是在自己思想的框框里面论断、定罪神子耶稣。人即便因不懂真理而论断定罪神，也是重罪。况且犯亵渎圣灵、干犯圣灵的罪，是永远得不到悔改的机会，因此断不可犯这种罪。

4) 误传别人的话

在我们周围常有因传错话而发生问题，或受到伤害的事情。因为所传的话在经多人传达的过程中，里面掺合各人的感觉和想法。即便一字不差的传话，也会因传话者的表情和口气的大小等，所传的意义也会被歪曲。譬如：同样的一声"喂！"用亲切而温和的声音，还是用粗鲁而生气的声音，其效果截然不同。更何况传话时不按别人表达的言语如实地传达，而按自己的表达方式传达，就会使所传的话歪曲原意。

上述的事例在日常生活中常有发生。因夸大其词，或缩小其词，使所传的内容不符实。甚者将事实变为荒谬离谱的传言。"或许是那样"传成"就是那样"；"有可能那样做"或"有那样做的想法"传成"既定事实"。心里非真理越多，越会误传人的话。

我们如果成全"诚心"，就不会用己意去歪曲事实。我们心里越是除去求己益处的心、含糊了事的心、急于论断的心、爱说别人短处的心，就越能传达得正确属实。约翰福音21章18节记载复活的主预言彼得将要殉道的内容："我实实在在地告诉你：你年少的时候，自己束上带子，随意往来；但年老的时候，你要伸出手来，别人要把你束上，带你到不愿意去的地方。"

此时彼得看着依偎在耶稣怀抱的约翰问耶稣说："主啊，这人将来如何？"耶稣对他说："我若要他等到我来的时候，与你何干？你跟从我吧！"主说的这句话怎样传于门徒当中呢？《圣经》记载："于是这话传在弟兄中间，说那门徒不死。"其实这话的意思是：即使直到主再来约翰还活着，这事也与你无关。但门徒们却凭自己的意念理解的完全话与原违。

5)情绪

"情绪"非指欢喜快乐的情绪，乃是抱怨或厌烦等心意。若有委屈、自尊心、灰心、嫉妒、恼怒等属肉的"情绪"，自然产生非真理的魂的作用。说了同样的话，按着所听的人情绪的差异，呈现不同的反映。

上司对属下的员工指责其失误说："你就不能好好干吗？"有的人就笑颜以待，说："我以后一定会好好干的。"但平时对上司不满的人，就立刻发动情绪，浮现非真理的意念，心想："非说扫兴的话不可？自己做得也不好，还指责别人。"

如果有人对自己的成果说一句劝勉的话："我觉得这个部分这样改了更好。"此时，有的人会诚恳地接纳，并说："谢谢你给我提一个好的建议。"反之，有的人伤了自尊心，心想："我为这事费了多少心血，怎能说得这么轻巧，有那么大的能耐何不自己做一个试一试。"感到委屈或抱怨。

圣经中记载彼得受耶稣责备的情形（马太福音14章31节；马太福音16章23节）。有一天耶稣预言自己将来要受苦难，并且被杀。彼得不希望自己的恩师受难，便挽留说："主啊，万不可如此！这事必不临到你身上。"

然而耶稣并没有安慰彼得说："你疼爱我的心意我领了，但我必须要走这条路。"反倒严厉责备说："撒但，退我后边去吧！你是绊我脚的。因为你不体贴神的意思，只体贴人的意思。"

耶稣被钉十字架是因罪注定灭亡的人类唯一的救赎之路，拦阻此事，就等于拦阻神的旨意。当时彼得对此一点也没有感到委屈或心怀情绪。他相信耶稣说那些话一定有充分的理由，心里没有一丝情绪，服侍耶稣的心从未改变过，对耶稣始终如一地敬仰、爱戴和追从。因彼得如此用属善的心思想属灵的事，便蒙主的大爱，成为行大权能的使徒。

犹大正与其相反。马太福音26章记载：当伯大尼的马利亚用香膏膏抹主耶稣的时候，犹大看见就很不喜悦，说："何用这样的枉费呢！这香膏可以卖许多钱周济穷人。"犹大说这话是出于对钱财的贪婪，而并非真的体恤穷人。其实当时他心里在想："把香膏卖钱奉献给耶稣，还能转入我的囊中！"此时，耶稣反倒称赞了照神的旨意为耶稣身体安葬的事作好准备的马利亚。犹大因耶稣不认可自己的话，就心怀不满的情绪。这些情绪不断积累在他的心里，促使他接受撒但诱惑的意念，并立定出卖耶稣的计划，最终付诸行动，以价银30两出卖恩师，犯下滔天大罪。

如今许多人在进行着违背真理的魂的作用。不过，我们即使看到什么事物，若不带着感觉，就不会产生魂的作用。看了就当归为无有，但若动用自己的意念去论断定罪，这就成为罪了。若想用真理保守自己，非真理的事物最好是干脆看都不要看，听都不要听。若在不得已的情况下接触到非真理的事，只要用善去思考和感觉，必能保守自己为人良善。

3. 黑暗世界

撒但具有路西弗所持有的黑暗能力,使人心存恶念, 以至作恶。

引发非真理的魂作用的主谋是众邪灵。神为了耕作人类而许可它们的存在, 它们在神耕作人类期间, 在空中掌权。以弗所书2章2节记载:"那时, 你们在其中行事为人, 随从今世的风俗, 顺服空中掌权者的首领, 就是现今在悖逆之子心中运行的邪灵。"神允许空中掌权的众邪灵主导黑暗的潮流, 直到耕作人类之工程的结束。

黑暗世界的众邪灵的工作是:迷惑众人, 犯罪作恶,敌对神。他们的世界也有着井然的次序。路西弗作为邪灵世界的元首,指示和操控自己属下的众邪灵。它的手下有诸多服役的邪灵, 依序为:邪灵世界中掌握实权的诸龙和它的使者们(启示录12章7节)、撒但、魔鬼、鬼。

掌管黑暗世界的元首路西弗

路西弗原是在神的身边用美妙的歌声和演奏赞美神荣耀的天使长。他因无数的岁月蒙神宠爱, 得享高权和尊荣而变得心高气傲, 以至背叛了神。从那以后路西弗失去了美丽荣耀的形像, 变成令人毛骨悚然的丑陋可怖的样子。

"明亮之星, 早晨之子啊!你何竟从天坠落?你这攻败列国的, 何竟被砍倒在地上?"(以赛亚书14章12节)

当今世界，人们在潜移默化地模成路西弗的样式——大红大绿，怪异的发型、色调死气沉沉的化妆等。

这是因为路西弗在通过世上的流行和潮流，照自己的意愿掳去人的心思意念。尤其向音乐领域伸出黑手，将其作为罪恶的媒介。

路西弗还利用电脑等各种文明的产物，将人们的心思意念引向罪和不义的深渊。还主管邪恶的掌权者来敌对神。有的国家用政权弹压和抹杀基督教，这是因为受到路西弗直接的唆使和操控。

除此之外，路西弗还利用各种卜术和邪术来迷惑众人，并唆使巫师等崇拜自己。这样，路西弗为了多使一个灵魂下地狱，用浑身解数去迷惑人，做敌神的事。

龙和它的使者们

路西弗的手下有诸龙，它们是邪灵的头目。人们往往以为龙是一个想象中的动物。但龙实存于邪灵世界，只是因为是属灵性的，所以看不见而已。龙照辞典中所描述的：具有鹿角、鬼眼、牛耳相似的形状，身上有鳞，并有四脚。是一个与巨大的爬虫类动物相似的形状。

龙在受造之初具有柔软并富丽堂皇的翼毛，其形状极其美丽，环绕着神的宝座。它们在神的身边，像宠物一样蒙神的大爱，并且具有强大的能力和权柄，率领着无数的基路伯。当龙与路西弗勾结叛逆神的时候，其属下的众基路伯也一同败坏，参与反叛神的行列。它们是龙的使者，具有丑陋可怖的形状。它们与龙一同在空中掌权，将人们掳下罪恶的深渊。

路西弗作为元首，将实质性的权柄交给龙和它的使者们，派它们与属神的众灵争战，并掌管空中。龙从古到今主管人们的心，处处刻画塑造龙的形像，以受人们崇拜。如今甚至有神化并崇拜龙的宗教，他们正是受龙直接操控。

> "在天上就有了争战。米迦勒同他的使者与龙争战，龙也同它的使者去争战。并没有得胜，天上再没有它们的地方。大龙就是那古蛇，名叫魔鬼，又叫撒但，是迷惑普天下的。它被摔在地上，它的使者也一同被摔下去。"（启示录12章7-9节）

龙又通过其使者们怂恿并操控人们。受其唆使的人们悍然不顾作出买卖人口、杀人等百般残忍的恶行。龙的使者具有与利未记所记载的那些可憎之禽兽相似的形状。

如上所述：路西弗通过诸龙彰显自己的意愿，其手下的使者们又照着龙的命令行事。路西弗相当于一国之君，龙则相当于军队总司令，凭着实权命令和操纵自己的部下。龙做事并非一一受路西弗的指示。因为路西弗已经把自己的心和意念如实栽植在龙的心里，于是龙立定计划，并施行计划，均与路西弗一致。

具有路西弗的心和能力的撒但

心被黑暗沾染的越严重，邪灵作工就越厉害，起初作工的不是鬼或魔鬼，而首先是撒但，其次是魔鬼，最后是鬼。

"撒但"用一句话来说，就是路西弗的心，人的意念是它作工的平台，但他没有实际的形态。撒但如实具备路西弗所持有的属黑暗的能力，使人心怀恶念，行各样的恶事。

而且，能在神的公义里面动用自然现象。据约伯记的记载：撒但在指控约伯时，操纵示巴人和迦勒底人的心意，并利用大风和烈火毁灭了约伯的儿女们和所有资产（约伯记1章）。可见撒但也能凭借自己的权柄，祸害人或使人得病（约伯记2章6-7节）。

撒但是属灵的存在（列王记上22章21节；约伯记1章6-7节），按人心里的各种属黑暗的属性，以各种形态作工。对善于说谎的人，就用谎言的灵；喜欢挑拨离间人的，就用挑拨离间的灵；喜欢行污秽情欲的事的人，就用污秽的灵来作工（列王记上22章22节；约翰一书4章6节；启示录18章2节）。如此，路西弗和龙，以及撒但，虽然各自的功用和形态不同，但其心和意念是合一的，并且行恶的能力也是一样的。那么，撒但是用怎样的方式作工在人身上呢？

撒但如同无限散布在空中的电波，将自己所有的黑暗的心思意念，以及行恶的能力不断散布在空中。如同散布在空中的电波一旦遇到天线就通过天线传输信息一样，撒但所散布的属黑暗的心思意念，以及其黑暗能力，一旦遇到"天线"，即人心里面的属黑暗的心（非真理的心），就通过人的意念传输到人的里面。

譬如：人心里有恨人的心，这心就成为天线，接受撒但在空中散布的电波中"仇恨"的频率。撒但所散布的属黑暗的电波，若遇到人心里的"天线"，即非真理的心，撒但就通过人的意念，将自己属黑暗的能力传输到人的里面。从而人里面的属黑暗的心就得到更强大的力量，开始活动。这样的状态叫做"受撒但的作工"，或说"听到撒但的声音"。

人若听到撒但的声音，就会犯"肉体的事"，进而犯"情欲的事"。人心里的仇恨、猜忌等非真理的属性，一旦受到撒但的作工，就产生加害于人的冲动，若更强烈地受到撒但的作工，就会发展成杀人等恶行。

撒但通过人意念的通道作工

人心里有真理的心和非真理的心。接待主耶稣，成为神的儿女，圣灵就住在心里头，主管人真理的心。从而能听到由心传来的圣灵的声音。反之，撒但从外部作工，为了渗透到人心里，需要一个通道，那就是人的意念。

人将所见所闻，所学到的与感觉一同存入头脑和心里，这便成为知识。当这些知识遇到某种状况和条件时重新浮现的叫做"意念"。在生活的过程中用什么样的感觉，领受什么样的内容，就会浮现什么样的意念。经历同样的环境，只存入真理的人，就会首先浮现真理的意念；多存入非真理的人，自然首先浮现非真理的意念。

大部分的人因为没有受过真理，即神道的教育，所以心里非真理居多。撒但主管这样的人使其产生非真理的意念，即肉体的意念。因此，人受撒但的作工，就无法顺从神真理的律法，成为罪的奴仆，以至于死（罗马书6章16节；8章6-7节）。

撒但主管人心的例外的情况

一般撒但是通过人意念的通道，从外部进行操作，但有例外的情况。例如：《圣经》说：撒但入了耶稣的门徒加略人犹大的心。在此，"撒但入了那称为加略人犹大的心"是指犹大通过意念继续接受撒但的作工，不断将心交给撒但，以至完全被撒但捆绑。

加略人犹大跟随耶稣看到许许多多神迹和奇事，又直接听到主的教训，可是犹大却没有离弃贪心，作为管财政的他，最后良心败坏到连神家的钱都敢偷的地步（约翰福音12章6节）。而且顺着贪婪之心打好如意算盘——以弥赛亚的身份降世的耶稣一旦登上王位，自己必得享大权势和荣华。然而，现实并不与自己的期待相符，便一次，两次，继续将意念交给撒但，以至全心都被撒但夺回，最终以价银三十两出卖了自己的恩师。这是撒但直接主管人心的情况，故称作"撒但入了心"。

使徒行传5章3节："彼得说：'亚拿尼亚，为什么撒但充满了你的心，叫你欺哄圣灵，把田地的价银私自留下几分呢？'"亚拿尼亚和撒非喇，因欺哄权能的使徒彼得、欺哄圣灵，就死在彼得脚前。这并不是因着他们仅一次的犯罪，而是从前在他们身上有过多次类似的事情，所以叫"撒但充满了他们的心"，就意味着撒但逐渐掳去了亚拿尼亚的心，最终使他们的良心全然败坏，便成如撒但的分体一样的存在。

打开灵眼看到撒但，其形状如同黑雾，却没有具体的形像。而且，甚受撒但作工的人，他的周边笼罩着如同黑雾一样的精气。为了不受撒但的作工，首先要断绝非真理的意念。进而要脱去非真理的心，从根本上除去接受撒但频率的"天线"。

魔鬼和鬼

魔鬼就是与路西弗一同堕落的天使中的一部分。它们与撒但不同，有实际的形体。开启灵眼的人，就可以看到像人，或像天使一样，有五官和手脚的黑乎乎的魔鬼形像。蒙恩得救的神儿女有天使时常伺候帮助他们。然而，魔鬼是做与天使相反的工作——时常作工在不住在真理里面的人身上，使他们犯罪作恶，并带给他们各种试探和患难。

但魔鬼不是直接进到人里面作工。撒但指示众魔鬼，辖制那些将心交给黑暗的人们，使他们犯下丧失人性的极端的恶行。有时魔鬼甚至完全将人俘虏，当作工具来使用。就是那些出卖自己灵魂给魔鬼的巫师、交鬼的人、行邪术的人受到魔鬼的操纵，充当其忠实的走卒。他们不仅自己行魔鬼的作为，也叫别人照样行。因此，《圣经》管犯罪的人叫做"属魔鬼的人"（约翰福音8章44节；约翰一书3章8节）。

约翰福音6章70节耶稣向着门徒们说："我不是拣选了你们十二个门徒吗？但你们中间有一个是魔鬼。"这时指着将来出卖耶稣的加略人犹大说的。如此，成为罪的奴仆，与救恩无关的人就是"魔鬼的儿女"。撒但入犹大的心，操控其心，便出现了出卖耶稣的魔鬼的作为。受撒但指示的魔鬼如同中层领导，管理并指示无数的鬼，给人们带来各种疾病和痛苦，并带入更深的罪恶的深渊。

撒但、魔鬼和鬼的关系，既是垂直关系，同时又是互相紧密的三角关系。邪灵的世界也在这样井然的秩序中，准确无误地运转着。首先撒但通过人的意念来迷惑人心，给魔鬼拓宽活动空间，其次魔鬼作工在被撒但迷惑的人身上，使人行出各样"情欲的事"（加拉太书5章19节以下），以及神所憎恶的诸般魔鬼的作为。撒但通过人的意念怂恿人；魔鬼则使人将恶念付诸行动。接着等到人的恶行过度，具备鬼附的条件，鬼就立刻作工在人的身上。一旦鬼进到人的里面，人就身不由己，如同皮影戏里的木偶，任鬼摆布。鬼入到人里面之前是如同感应遥控一样操纵人。可是进到人的里面就可以直接操纵人了。

《圣经》暗示鬼虽是属于邪灵，但它们有别于与路西弗一同堕落的众天使（诗篇106篇28节；以赛亚书8章19节；使徒行传16章16-19节；哥林多前书10章20节）。鬼原本是具有灵魂肉的人。曾在这地上受到耕作，却未能得救 而死的灵魂中的一部分，在特殊的条件下重返这世界，他们就是鬼。人们对属灵的世界没有明确的认识。然而，众邪灵为了直到世界的末了将更多的人掳下地狱而虎视眈眈。

因此，彼得前书5章8节说："务要谨守、儆醒。因为你们的仇敌魔鬼，如同吼叫的狮子，遍地游行，寻找可吞吃的人。"以弗所书6章12节说："因我们并不是与属血气的争战，乃是与那些执政的、掌权的、管辖这幽暗世界的，以及天空属灵气的恶魔争战。（两"争战"原文都作"摔跤"）"随从黑暗势力，在黑暗中生活，必然走死亡之路，因此要时常警醒，谨慎自守。

第二章

我

"自义"是因着领受世上非真理的教导而形成的。

自义渐渐坚固,随之打造框框。

自义的框框是指自以为是的义形成体系,并固化的状态。

形成自我的过程

自义和框框

怎样才能使魂的作用完全属乎真理?

我天天冒死

是我在信主之前的事：因满身的疾病一天天与病魔斗争的艰难的日子里，读武侠小说是我唯一的消遣。武侠小说主要讲述着有关复仇的内容。

主人公在乳婴时期，父母被某人冤枉杀害。主人公通过仆人的营救幸免于难。在成长过程中遇到武林高手，炼就一身健壮的体格，精湛的武艺，成为高手之后，报仇雪恨。这些武侠小说带给人的教训是：不以性命为念，报仇雪恨，才是英雄好汉。然而，圣经的教导迥异于这种世上的教导。

"你们听见有话说：'当爱你的邻舍，恨你的仇敌。'只是我告诉你们：要爱你们的仇敌，为那逼迫你们的祷告。这样，就可以作你们天父的儿子。因为他叫日头照好人，也照歹人；降雨给义人，也给不义的人。"（马太福音5章43-45节）

当时，我是一个正直向善的人，甚至周围人说我是没有法律也能做仁人的人。但当我参加复兴盛会聆听神的道时才发现我从言行、意念到良心无一不是错谬的，觉得无比惭愧。便在神面前认罪痛悔从前错误的人生。

从此开始我竭力攻破我那些与神道相悖的自义和框框。将从前所打造的自我彻底否认，归为无有。读着《圣经》，用真理光照自己，重新打造自我。为了离弃心里的非真理，我随时禁食，不住地祷告，便使恶渐渐从心里减除，得以听到圣灵的声音，得到圣灵的主管。

形成自我的过程

人是怎样打造自己的心或价值观呢？首先是先天的遗传因素。俗话说"有其父必有其子"，儿女必然长得像其父母。因为父母的长相、习惯、形质等遗传给后代。

人们常说孩子是继承父母的血统而出生，其实在属灵上讲，所继承的不是"血统"，而是"精气"。"精气"在灵意上讲是："从人全身发出的津液的结晶"。有一天在我服侍的教会，我接见一对母子。儿子的嘴上方长了一个黑痣，据母亲说：原来她的嘴上方也曾有过黑痣，后来施行手术将其除去了。尽管如此，黑痣却照样遗传到儿子身上。

"精气"在神的能力下，蕴藏在小得连肉眼都不能看见的精子和卵子这一生命的种子里面。所以，孩子出生以后不但长相像父母，而且其品性、体质、智商、习惯等也像其父母。父亲的精气旺盛，孩子就会承受父亲的精气偏多；母亲的精气旺盛，则多承受母亲的精气。因此，人的心因人而异。

而且，人在成长过程中存入魂里的知识栽植在心里，逐渐形成心田。大概到了五岁，就开始通过所见、所闻、所领教的，渐渐打造自己。到了12岁左右，开始树立价值判断标准；到了18岁左右便开始坚固自己。但我们在成长过程中将很多错误的信息当作真理来领受。

出生以后成长过程中所见、所闻、所学的内容中大多数是非真理。就学校课程而言，既有像加、碱、乘法口诀等有益的内容，也有像进化论这样的错误的知识。父母教育子女的时候也有将非真理误导为真理的现象。子女在外面遭同学挨打回家，父母会伤心并恼怒。

"你怎么一点骨气都没有！他打你一拳，你就不能还他两拳！"

"你凭什么受人欺负，你没有手脚呀！"

遭同学挨打，回家不仅被训一顿，而且还被当作傻瓜，如此一来这孩子的良心会变成什么样呢！"受人打是傻瓜，是错误的"这种观念就会成为他的义和良心。便形成"人若打我，加倍还击"的良心。就是将认恶为善的错误的信息存入自己的心里，打造自己的良心。

若其父母是追求真理的人，就会首先了解情况，然后用善道、真理的训诲，使孩子们彼此和好。

"儿啊！你要忍耐，并省察自己有没有做错的地方。一定要遵照神的道，以善胜恶。"

如果孩子在所有的环境中单单接受神善道的教育，必然在成长过程中打造一个正确的良心。然而在现实生活中，在家庭里父母往往不经意地教导孩子非真理和谎言。父母善于说谎，子女自然受其影响。比如：电话铃响了。女儿去接电话，一手捂着话筒对爸爸说：

"爸！隔壁的叔叔找您。"

"你说爸爸不在家，还没回家。"

因为这种事已是家常便饭，所以女儿接电话不会立刻转给爸爸，而先问问爸爸的意思。久而久之孩子受父母的影响，潜移默化地成为说谎的人。这样，人在成长过程中通过许多人，领受错误的教导，加上凭自己的感觉论断、定罪，错误地打造自己，从而与神的真理不符的良心便逐渐形成。

不仅如此，许多人过着以自我为中心的生活。他们随着私欲，主张只有自己的想法对，若对方的心意和想法与自己的标准不符，就断定是错误的。人虽然为此争论，但其实是彼此彼此。带着这种思考方式是很难与别人产生共识。亲密的夫妻之间，或者父母和儿女之间也都是如此。大部分人都是如此打造了自我，因此人不能主张自己都对。

自义和框框

许多人通过属肉的魂的作用形成自己的判断标准和价值观，越来越沉溺于自义和框框之中度日。"自义"是指主张自己正确。"自义"主要产生于将世上的非真理领会成真理。人有自义，就不只停留在主张自己对的程度，也会极力将自己的主张贯彻于别人。

随着"自义"的巩固，逐渐形成自己的框框。"框框"是指自认为是对的义形成的一种体系，并得以巩固的状态。框框的形成是以性格、嗜好、教养、理论、意念为基础。比如说：在A和B两样都可以采纳的情况下，若"只有A对"，或者"只有B对"的观点得以巩固，便成为自己的框框。

大多数人只喜欢自己特定之类型的人。对自己喜欢的类型表示友好；否则无法友好相处。这也是将自己的框框作为判断标准的结果。

这种自义和框框在日常生活中会以多种形态显现。男女结婚一起生活，难免会因琐事吵架。丈夫认为挤牙膏要由下而上；妻子则养成顺手随意挤的习惯。此时若互相固执己见，便产生摩擦。至今在成长过程中形成的习性成为一种框框，使俩人产生观念上的分歧。

有的人在公司工作时喜欢不经别人的帮助而单靠自己的力量和能力。这并不是因为轻视别人，而是在艰苦的环境中成长的经历使他独立做事成为一种秉性。但若肆意论断这类人说他是骄傲的人、以自我为中心的人，要知道这也都是出于自己的一种框框。

自义和框框，若用真理来光照，就能发现大部分都是错误的。这寻根究底都是出于不肯服侍人、求己益处的心。看似诚然遵行神话语的人当中也有心存隐而未现的自义和框框的人。

他们听了神的道，在某种程度上离弃了非真理，并自以为认识真理，便因这种自以为明白的心态开始显出自己的义。从此别人信仰生活中的缺欠进入眼里，并产生认为自己比别人强的比较意识。以前只看别人的长处，现在则越来越看见别人的短处。尽管自己只主张自己的意见，却说自己这样固执己见是因为自己的观点对神的国更为有益。还有的人好像自己参透万事、仁义、圣洁，一开口就说别人的短处，数落教导，批判别人。在他们眼里看不见自己的短处，只看见别人缺点。

凡尚未完全成就真理之心的人，都有自义和框框。心里恶越多，就越起非真理的魂的作用，越凭自己的义和框框去论断、定罪别人。若想灵命增长，须要将这些非真理的意念和理论，一概归为无有，并且要攻破自义和框框，使魂的作用完全属乎真理。

怎样才能使魂的作用完全属乎真理？

若想使灵命增长，变成模成神形像的真儿女，必须要用真理的魂的作用，取代非真理的魂的作用。我们为了使魂的作用完全属乎真理当怎样行呢？

第一、要用判断真理的唯一标准——神的道去分辨一切。

判断是非善恶的标准——良心，因人而异。世界上认为是对的价值判断标准，也按时间、场所和文化，呈现差异。人自以为行为纯正，但在持有不同价值观的人眼里，可能是为人不义。我们各自在不同的环境和文化背景中树立了自己的价值观或教养。因此我们不能用自己的标准去论断他人。只有神的言语才是人类判断是非善恶的唯一标准。世人认为是真理的，其中虽有与《圣经》66卷书的真理相符的，但不是的居于多数。假如一个知心的朋友犯了罪，别人却在吃冤枉，此时人们会想：掩盖朋友的过犯才是义举，然而见到别人的冤屈却保持沉默，这断不是义举。

我在接待主耶稣之前，在吃饭时间访问邻家时，虽然没吃饭却说已经吃过了。因为说谎是出于使对方的心平安的意愿，所以不觉得那是错的。但在属灵的观点上看，这虽不算为罪，但毕竟是不诚实，在神面前成为瑕疵。当我醒悟这个道理之后，我就改了说法："没吃，但我不想吃。"或改用别的方式应付。为了凡事用真理去分辨，当要殷勤聆听、学习、吸收神的道。要认真地读神的道——圣经66卷，脱去一切从世上领受的非真理并由此产生的错误的判断标准。在人看来再正确而智慧的，只要它违背神的话语，就当断然撇弃。

第二、要有符合真理的感觉。

我们若想无论面对什么事物，都能够有真理的感觉，就当从起初要用符合真理的感觉去领受。以前我亲眼目睹过这样一件事情：有一位父母教训孩子的时候常说"你如果不听话，牧师要来管教你。"这自然而然给孩子栽植了牧师既严厉又可怕的印象。这孩子渐渐长大，见到牧师就害怕，躲避，便很难通过牧师蒙得恩典。

记得很久以前从一部电影中看到这样一个场面：一个少女从小跟大象做朋友。大象常常用鼻子绕她的脖子戏耍。有一天趁这小女孩睡觉的时候有一条毒蛇爬过来绕起她的脖子。如果她发现了这条毒蛇该多么惊恐呢！但少女在闭着眼睛的状态下，正享受着"大象"鼻子的抚慰，一点也不惊恐，反倒感受着亲情。

如此，感觉取决于意念。有的人厌恶蚯蚓或蜈蚣，倒喜欢吃用以它们为食的鸡做的料理。万事皆出于意念。因此，遇见不合自己标准的人，也要用肯定的意念和喜爱的感觉来领受。

我们若要凡事用真理去思考，并感觉，首先要眼只看善的，并用善去领受。如今透过各种传媒，互联网，会接触到很多残暴、煽情、虚谎、背叛、利己自私等恶事，对此应当警戒，尽可能不要看这些，或看见了也要只把真理和善存在心里。至于已经存在心里的非真理的感觉，要用真理的感觉去更新和取代。

听着鬼的故事或恐怖的故事而成长的人，因为心存恐怖的感觉，所以晚上独自一人的时候会不寒而栗，或因微小的动静而受惊。然而，只要我们行在光明中，必蒙神的保守，邪灵不但无法害我们，反倒因我们身上所散发的属灵的光而战兢恐惧。若明白邪灵世界的真相，从心里认识到邪灵不是该恐惧的对象，就能使错误的感觉改换一新。便能治理黑暗势力，即使鬼在眼前出现，也能奉耶稣基督的名击退。

再举一个有关存入错误感觉的例子：约20年前，我跟圣徒们一起在圣地巡礼的途中，在希腊奥林匹克赛场看到了一尊男性裸像。裸像上刻着"国民康健，国家强盛"的字样，是全民健身的号召。此时我看到参观那铜像的我们团队一行的表情和欧洲游客的表情。

一行当中有的女圣徒若无其事地以铜像为背景拍照留念，但有的却脸变通红，扭过头去。好像看了不该看的，立刻走离那地方。看了裸像脸红了的人，是因为其心里有奸淫。因为平时将对裸体的不良的感觉存在心里，所以看到铜像时产生了不良的感觉。那样的人或许对那些认真欣赏的人觉得不合宜。但我看到欧洲人脸色丝毫未变，也没有露出尴尬之色，因为他们只是把它当作一个艺术品去欣赏。

因此不能论断欧洲人是不知羞耻的人。只要互相理解不同的文化，将非真理的感觉转换成真理的感觉，便不会感到羞愧或尴尬。神在亚当还不认识"肉"的时候，使他们没有穿衣服的需求，而赤裸裸地生活在伊甸园。因为神丝毫没有淫念或邪恶——亚当和夏娃也是如此——所以觉得他们赤裸的样子更为可爱美丽。

第三、当凡事理解对方的立场。

人听别人的话，或见到某种情形时，若按自己的立场、经验和思考方式来领受，就会起各样非真理的魂的作用——按自己的想法，加减对方的话，或论断、定罪、误解、心怀情绪。

比方说：有人遭遇事故而受伤，不停地喊痛，如果从没受过这种痛苦，或有很大耐心的人，见此就会觉得对方过于做作。按自己的立场和经验臆测对方，只能起非真理的魂的作用。若在对方的立场去想，就能理解对方的痛苦。

理解对方的立场，用爱心去包容，就能跟所有的人和睦相处（希伯来书12章14节），既不会恨人，也不会心里不舒服。即使自己因对方而受害，也会先考虑对方的立场，并能依旧去爱并体恤对方。我们只要明白主在十字架上舍命的大爱并神的宏恩，便能爱仇敌。司提反执事就是这样的人。他在传福音的时候，指责犹太人抗拒神的罪孽。被司提反的话扎心的犹太人民众，就起来乱石击打司提反，置他于死地。司提反执事虽无辜受害，但并没有怀恨那些拿石头击打他的群众，反倒为他们做了中保祷告（使徒行传7章60节）。

我们虽愿意单单思想真理，但有如意的时候，也有不如意的时候。因此，要时常省察自己的心思意念和感觉，以及言语和行为，竭力用真理去更新魂的作用。并要做如火般的祷告，得到神的恩典与能力，以及圣灵的帮助，使魂的作用完全属乎真理。

我天天冒死

使徒保罗曾是一个因自义和框框非常牢固而逼迫基督徒的人。但他遇见主以后醒悟到自己的义和框框的错谬，便彻底放下自己，将一生所积累的一切当作粪土断然撇弃。正如他在罗马书7章21节告白："愿意为善的时候，便有恶与我同在"，起初他心里的争战非常激烈。但他后来告白："因为赐生命圣灵的律在基督耶稣里释放了我，使我脱离罪和死的律了。"（罗马书8章2节）

"感谢神！靠着我们的主耶稣基督就能脱离了。这样看来，我以内心顺服神的律。我肉体却顺服罪的律了。"（罗马书7章25节）

"弟兄们，我在我主基督耶稣里指着你们所夸的口极力地说，我是天天冒死。"（哥林多前书15章31节）

"我是天天冒死"这意味着作成心里的割礼。就是意味着将自尊心、自我主张、仇恨、论断、怒气、骄傲、贪婪等心里的非真理离弃净尽。使徒保罗按这一告白，与罪相争，抵挡到流血的地步。神喜悦保罗的行为，便将恩典与能力赐给他，使他在圣灵的帮助下成为属灵的人，只起真理的魂的作用，并成为权能的使徒，行无数的神迹奇事，直到地极作主的见证。

第三章

肉体的事

人在意念上猜忌、嫉妒、论断、定罪、奸淫，
是因为心存隐而未现的非真理的属性。

肉体和身体的恶行

"肉体软弱"的含义？

肉体的事是心里犯的罪

什么是肉体的情欲？

什么是眼目的情欲？

什么是今生的骄傲？

灵死的人魂成为其主宰，支配"肉"。当口渴而想喝饮料时，魂对手下命令，手便照魂的指示将杯子放在嘴边。此时若听到有人说令人不快的话，就气到头上，产生将杯子摔在地上的冲动，这些魂的作用是怎样起来的呢？

这是撒但主管人属肉的魂而引起的。人心里非真理越多，就越受仇敌魔鬼撒但的作工。人接受撒但的作工，就思想非真理；接受魔鬼的作工，就出现非真理的行动。气到头上，有了摔杯子的冲动，是撒但的作工；动手摔碎了杯子，那就是魔鬼的作工。前者是"肉体的事"；后者是"情欲的事"。这些非真理的魂的作用和行为出现的原因是：亚当犯罪之后仇敌魔鬼撒但所栽植的罪性与人的身体相结合。

肉体和身体的恶行

罗马书8章13节说："你们若顺从肉体活着必要死。若靠着圣

肉体的事

灵治死身体的恶行必要活着。"这里所谓"死"是指永远的死亡，即地狱。同时"肉体"也是包含着属灵的意义，不单纯指身体。

"身体的恶行"不是指身体的行为。"身体"是指神栽植在人心里的灵的知识被减除之后剩下的外壳。为了更深地理解"身体"的灵意，应当了解起初的人亚当。

堕落之前的亚当的身体是有价值的身体，也是不灭的存在。是永生、不老、不朽、发光、美丽的灵性的身体。而且行为高雅、端正。然而，自从亚当因着犯罪，罪进入其里面之后，却变成与兽无异的身体。因着与非真理相结合，结果沦落为注定病老、腐朽、死亡的存在。凡属肉之物尽都如此。

比如说：即使是同样的杯子，但是按那里面装有的内含物，其价值就不同。装有纯净水或饮料的杯子，和装有污水的杯子，其价值是不同的。亚当的身体也同样。

亚当在做"有灵的活人"时，只有光明、仁爱、良善、诚实、仁义等真理的知识。但自从亚当的灵死后，真理的知识渐渐从亚当里面排除，反倒从魔鬼撒但接受属肉的非真理，其身体变成被非真理所沾染的身体。其行为也随着身体里面所盛装的非真理而变质。"靠圣灵治死身体的恶行"，这里所谓"身体的恶行"是指非真理和身体相结合的状态下出现的行为。

譬如：有的人心情不好就挥舞拳头；有的人一生气就粗鲁地关门，或乱扔东西；有的人张口就说骂人的话；有的人面对异性时举止不端正，出现情欲的眼神、表情和举止。

"身体的恶行"除了明显的犯罪行为以外，也包括一切不完全的行为。有的人跟人谈话时习惯性地拍打对方，或无意识地用手指指人，或说话就像打仗一样语气高昂等，这些看似是小事，但寻根究底都是从非真理与身体相结合而出现的行为。

《圣经》多处出现"肉体"一词。不过，"肉体"或"肉身"在圣经上并非都带有上述的意义。譬如："耶稣道成肉身"（约翰福音1章14节），这时讲的"肉身"并非指与身体相结合的罪性，而单纯意味着人的身体。所以要分清圣经用语在不同章节上所代表的意义——是包含着灵意还是只代表字面上的意义，这需要考量前后文脉来分辨。

罗马书8章5节说："因为随从肉体的人体贴肉体的事；随从圣灵的人体贴圣灵的事。"还有在罗马书8章8节说"而且属肉体的人不能得神的喜欢。"在此"肉体"的灵意是："罪性与身体相结合的状态"。就是意味着"真理被减除之人的身体和罪性相结合的状态"，即魔鬼撒但栽植在人里面的各样罪性与身体相结合的状态。虽然尚未表现，但随时都可以发展成罪行的非真理的属性，就是"肉体"。

其次，"肉体的事"（罗马书8章5节）是指"肉体"，即罪性的罗列。就是将仇恨、争竞、猜忌、嫉妒、虚谎、诡诈、骄傲、恼怒、论断、定罪、奸淫、贪婪等罪性统称为"肉体"，一一罗列就是"肉体的事"。

"肉体软弱"的含义

耶稣同门徒们在客西马尼山上祷告时，门徒们都睡着了。当时耶稣对彼得说："总要儆醒祷告，免得入了迷惑，你们心灵固然愿意，肉体却软弱了。"（马太福音26章41节）这并非意指门徒们身体软弱。彼得是渔夫，身体健壮。那么"肉体软弱"的意思是什么呢？

当时的彼得尚未领受圣灵，而且罪也没能离弃净尽，尚未成就属灵的"肉"。人一旦弃罪进灵，即变成属灵的人、真理的人，魂和肉就会受灵的支配。从而，肉体虽然困乏，心里愿意清醒，就能克服困乏和睡意。

但彼得那时还未进灵，所以心里固然愿意清醒，但却无力克服疲乏或懒惰等"肉"的属性。因此只能停留在"肉"的层次上，这便是"肉体软弱"的含义。

然而，主复活升天之后，领受圣灵的彼得，不仅能够支配"肉"属性，而且医治了许多人的疾病，甚至让死人复活。他以刚强壮胆坚固的信心传扬耶稣基督的福音，最终倒挂在十字架上为主殉道。

耶稣为了到处传扬神的国和义，并医治百姓各样的病症，不得吃，不得睡，不分昼夜地工作。但因为灵支配肉，所以在身疲体倦的状态下也能恳切祷告，甚至汗珠如大血点滴在地上。耶稣因无原罪和自犯罪，所以能够用灵支配肉。

有的人犯错了就狡辩说："是因肉体软弱。"这是不懂真理的缘故。耶稣为我们流血舍命在十字架，不仅担当了我们的罪，也代替了我们的软弱。只要我们带着信心，遵行主道，敬虔度日，必蒙灵肉健壮的祝福，也能做超越人极限的事。况且有圣灵作我们随时的帮助，因此人不能以肉体软弱为借口，将不能祷告，或犯罪合理化。

"肉体的事"即是心里犯的罪

人有肉体，不仅在意念上或心里犯罪，也会在行为上表现。心里有虚谎之属性的人，一旦遇到与自己不利的状况，就出现欺哄人的话或行为。若没有行出来，只在心里犯罪，就是"肉体的事"了。

如果看见邻居家的宝石就起了贪心，想："我很想拥有它，真想趁主人不在把它拿走。"这已经是心里犯罪了。大部分人不认为心里犯的罪是罪。然而，神看穿人的内心，仇敌魔鬼撒但也辨知人的属肉的心（对属灵的心无法辨认），所以能拿"肉体的事"进行控告。

马太福音5章28节耶稣说："只是我告诉你们：凡看见妇女就动淫念的，这人心里已经与她犯奸淫了。"还有在约翰一书3章15节说："凡恨他弟兄的，就是杀人的。你们晓得凡杀人的，没有永生存在他里面。"心里犯罪就是给行为上犯罪打基础。

例如：人可以心里恨对方，却表面上露出笑容，假装爱对方。但遇到忍无可忍的状况，恨人的心就爆发，发展成发怒、吵架等"情欲的事"。不过只要将仇恨这个属性除掉，无论对方怎样惹气、苦害，也不会仇恨对方。

正如"顺着肉体活着必要死"这句话，不除掉"肉体的事"，必然发展成"情欲的事"。但只要照着"靠着圣灵治死身体的恶行必要活着"这句话，将"肉体的事"一一脱去，就能变成圣洁、属灵的行为。那么，怎样才能迅速脱去"肉体的事"、"情欲的事"等属肉的一切呢？

"行事为人要端正，好像行在白昼；不可荒宴醉酒，不可好色邪荡，不可争竞嫉妒。总要披戴主耶稣基督，不要为肉体安排，去放纵私欲。"（罗马书13章13-14节）

"不要爱世界和世界上的事。人若爱世界，爱父的心就不在他里面了。因为凡世界上的事，就像肉体的情欲，眼目的情欲，并今生的骄傲，都不是从父来的，乃是从世界来的。"（约翰一书2章15-16节）

通过这段经文我们可以得知，世上的一切都是从"肉体的情欲"、"眼目的情欲"、"今生的骄傲"来的。情欲就像使人追求终必腐朽之肉的原动力和强有力的援军，使人觉得世界上的事美好，并且爱上并接受世界上的事。我们回顾夏娃受蛇引诱的当时情况：

"于是，女人见那棵树的果子好作食物，也悦人的眼目，

且是可喜爱的，能使人有智慧，就摘下果子来吃了；又给她丈夫，她丈夫也吃了。"（创世记3章6节）

当夏娃接受撒但"吃禁果能变得像神"的这句迷惑之言时，瞬间贪婪的罪性进入她的里面成为"肉体"的成分。于是当蛇引诱夏娃摘吃善恶果时，夏娃看其果子就不是以前的果子了。看那果子好做食物——引起了"肉体的情欲"；也悦人的眼目，且是可喜爱的——引起了"眼目的情欲"；能使人有智慧——引起了"今生的骄傲"（创世记3章6节）。当夏娃接受这些情欲时，便心里萌发了想吃的冲动，进而付诸行动，摘吃了禁果。以前根本没有想悖逆神的心，但因情欲萌发，觉得善恶果很有食欲，且看似美好，还想如神一样有智慧，于是忍不住情欲的冲动而抗拒神命、犯了罪。

如此，"肉体的情欲、眼目的情欲、今生的骄傲"就是叫人把罪看为美，当作可喜爱的，进而犯"肉体的事"，甚至犯"情欲的事"。因此，若想脱去"肉"，必须先断绝这三样属性，然后要从心里逐一将"肉"脱去。

如果夏娃早知摘吃善恶果的结局就是死，也是巨大苦难之路，就不会觉得它"好做食物、悦人的眼目、且是可喜爱的"。别说是想吃，连摸也不想摸，看也不想看。同样，只要真正醒悟充满最恶的世界是何等虚空、随从"肉"的结局是何等痛苦、最终将要经受的地狱的刑罚是何等恐怖残忍，我们就能不再爱世界了，并能轻易脱去追求"肉"的心。下面具体探讨这个问题。

什么叫肉体的情欲？

"肉体的情欲"是指促使人随从肉体而犯罪的属性。沦落为"肉"之人的心里充满着仇恨、嫉妒、骄傲、恼怒、懒惰、奸淫、邪荡、贪婪等罪的属性，即"肉体"。这些罪性一旦遇到可激发的环境，就会出现"肉体的情欲"。于是觉得罪恶很美好，且是可喜爱的，便出现"肉体的事"，以至发展成"情欲的事"。

比如：初信徒下决心戒酒，如果心里还存留着想要喝酒的"肉体的事"，那么，到了喝酒的场合，就会产生想要喝酒的强烈的欲望。这样的"肉体的情欲"促使人喝酒，犯下"情欲的事"。

论断、定罪的属性仍存在心里的人，喜欢听别人的谣言，并以往来传舌，背后议论为乐。心存怒气的人，遇到不愉快的事就轻易发怒，并觉得痛快，若要忍耐怒气，便心里翻腾，甚是痛苦。骄傲的人愿意受人的服侍，喜欢夸耀自己。有贪婪之属性的人则哪怕是陷害别人也要牟取不义之财。这些"肉体的情欲"，越犯罪越强盛。

不过，虽是初信徒，只要他保持充足的祷告量，并通过圣徒之间的交通，充满恩典与圣灵，就不轻易发动"肉体的情欲"。即使心里产生"肉体的情欲"，也能立刻用真理将其击退。但若停止祷告，圣灵的充满减弱，就会给仇敌魔鬼、撒但留地步，煽动"肉体的情欲"。

因此，为了断绝"肉体的情欲"，重要的是：要保守己心，时时刻刻保持被圣灵充满，追求"灵"的心，要胜过追求"肉"的心。为此不可停止祷告，要火热地祷告，常常灵里警醒，正如彼得前书5章8节所说："务要谨守、警醒，因为你们的仇敌魔鬼，如同吼叫的狮子，遍地游行，寻找可吞吃的人。"

为此，要不住地做火热的祷告。圣工再忙也不能停止祷告，因为停止祷告就会失去圣灵的充满，助长肉体的情欲，以至从心里犯罪，甚至犯"情欲的事"。耶稣虽是神子，但祂也照常不住地祷告。祂亲自给我们作了祷告的榜样，并借以祷告得与神常常交通，成就了父神的旨意。

我们若除净一切心里的恶，进入圣洁的层次，就能用灵支配肉，从而不再欠肉体的债，顺从肉体而犯罪。因此成圣的人就不必要为断绝"肉体的情欲"而祷告，而只为得到圣灵的充满，用神所赐的权能，大大成就神的国而火热地祷告。

如果身上沾了粪便，我们不会单用水洗，而是用肥皂反复认真洗刷，直到完全除净臭味为止。令人生呕的蛆虫，若沾在衣物上，一定会愕然抖掉。然而马太福音15章18节说："惟独出口的，是从心里发出来的，这才污秽人。"就是人心里的罪，比那些粪便或者虫子发臭、污秽、丑陋几百倍，几千倍。罪恶能使骨和骨髓朽烂，带给人许多痛苦。

如果妻子或丈夫有了外遇，其心该是多么痛苦呢！会导致发生争吵，家庭失去和平，最终家庭被破坏。肉体的情欲怀胎，就生出罪来，最终酿成不幸的后果。因此要迅速离弃"肉体的情欲"。

什么是"眼目的情欲"？

就是指因着眼看，耳听而心里摇动，以致追求属肉之事物的属性。人出生后在成长期间，通过看、听、感觉等一系列的过程，"眼目的情欲"逐渐在心里安营扎寨。即所看、所听的一切在心里起作用，并产生感觉，由此形成"眼目的情欲"。

看待某种事物，若与属肉的感觉一同领受，就会在遇到类似的场面时，再度出现以前的感觉。即使没有亲眼所见，只要听到有关的话，那种感觉就会浮现在脑海中，产生"眼目的情欲"。若不断绝"眼目的情欲"而继续接受，就会引发"肉体的情欲"，以至犯罪。

《圣经》记载：大卫因接受"眼目的情欲"而自招大熬炼的情形。有一天大卫在高处散步时，发现了乌利亚的妻子洗澡的场面。此时大卫没有断绝"眼目的情欲"，反而心里接受，便"肉体的情欲"发动而占有了她，以至为了隐瞒丑事，借着外帮人的手将自己忠义的将军乌利亚给杀害了了，便自招巨大的熬炼。

若不断绝"眼目的情欲"，就会因着看、听和感觉，挑旺心里的罪性，使其油然而生。譬如：人看淫乱的录像，就会挑旺奸淫的罪性。因为眼看，情欲就进入，撒但不断将人的意念引入非真理。

信神的人务要先彻底断绝"眼目的情欲"：不是真理不要看，不是真理不要听，能接触非真理的场所干脆不要去。纵然为除掉肉而不住的祷告，禁食，彻夜祷告，竭尽全力，如果不断绝"眼目的情欲"，照样会使"肉体的情欲"大得力量而发作。从而，罪难以离弃，觉得与罪相争甚是艰难而疲乏。

比方说攻克一个城。如果城里的敌军透过援军的支援，军需品不断得到供应，就能得到抵抗的力量。此时，城外的军队无论怎样发动攻势，也难以攻克。若要攻陷此城，必须要将城包围得水泄不通，彻底阻断援军的支援，然后不给喘息之机地发出猛烈攻击，必能大获全胜。

这里"城内的敌军"是我们内在的罪性；"城外的援军"是"眼目的情欲"。若不掐断"眼目的情欲"，心里的罪性就会不停地得到力量的供应，就算为离弃罪性而禁食、祷告，并作出百般的努力，也是无济于事。首先要断绝"眼目的情欲"，然后为离弃心里的罪性而禁食祷告。此时神必将恩典与能力，并圣灵的感动加给我们，使罪性得以离弃。

打个更容易理解的比方：若在盛有污水的杯中，持续不断地倒入清水，最终就会变成清水。然而在倒入清水的同时倒入污水，无论费多少功夫，杯中的水都难以变成清水。与此同理，我们为了离弃"肉"，成就灵心，断然不再领受非真理，而单单领受真理。

什么是"今生的骄傲"？

显耀的心，人人都有。"今生的骄傲"是人随从现实的一切享乐，为了显耀自己而夸口的属性。因为喜欢夸耀属于自己的属肉之事物，并显示自己，自然追求各样属肉的东西。世人常喜欢为自己的身世、儿女、丈夫、妻子、名贵的衣服、房子、宝石等夸口。人有今生的骄傲自然把价值观放在荣华富贵、知识、才能、外貌等上，并追求和向往。

但为这些夸口，对我们毫无益处，正如传道书1章2-3节所说："传道者说：虚空的虚空，虚空的虚空，凡事都是虚空。人一切的劳碌，就是他在日光之下的劳碌，有什么益处呢？"诗篇103篇15节也说："至于世人，他的年日如草一样，他发旺如野地的花。"指着世上的事夸口，对我们毫无益处，不仅得不到真正的价值和生命，而且使我们与神为仇，走向灭亡之路。脱去无益的"肉"，自然夸耀的心、各样的情欲从心里消除，从而能够单单随从真理。

哥林多前书1章31节说："如经上所记：'夸口的当指着主夸口。'"意思是叫我们不要为抬高自己而夸口，只要为神的荣耀而夸口。我们当夸口的是：主十字架的救恩、所预备的天国、神的恩典与祝福以及荣耀。我们可以尽情地为此夸口，因为神所赐的祝福与荣耀不仅是不朽的，而且是永恒而真正有价值的；我们指着神夸口，是荣耀神的举动，是令我们灵魂兴盛，积攒赏赐的路径，也能令所听的人得到盼望，并加增对属灵世界的爱慕之心和追求热心。当我们在主里面夸口的时候，神就喜悦我们，将以灵与肉的一切祝福回报我们。

人的本分就是敬畏神并爱神；人价值的高低取决于弃肉成灵的程度（传道书12章13节）。我们将"情欲的事"和"肉体的事"离弃净尽，恢复神的形像，便能成为超出"有灵的活人"——亚当层次的真正属灵的人、全灵的人。因此我们不要为肉体安排，去放纵私欲，总要披戴主耶稣基督，谨守人当尽的本分。

第四章

超越有灵活人的层次

攻破了肉体的意念,属肉的魂也会随之消灭,只剩下属灵的魂,
魂完全顺从自己的主人——灵。这样,灵、魂、肉的主仆关系正常化,
发挥各自的功用时,叫做"灵魂兴盛"。

有限的人心

怎样成为属灵之人?

有灵的活人和受耕作之灵的差异

属灵层次的信仰出于真诚的爱

奔向圣洁

刚刚出生的婴孩虽然是人，但还没有具备做人的资格。因为心里知识空无，所以无法认出父母，也不知道该怎样生活。同样，受造为"有灵的活人"的亚当，尚未具备做灵的资格。只有灵的知识充满在里面，才是真正意义上的灵。亚当从神逐一领受灵的知识，渐渐具备"万物之灵长"的资格。此时，亚当的心就是灵，因此"心"一词就没有必要了。

但亚当因着犯罪，灵死去，随之灵的知识一一从心里减除，取而代之仇敌魔鬼撒但所栽植的非真理，即"肉"的知识渐渐充满在里面。从而不能再称他为灵，而称为"心"。

原来亚当的心是神照自己的心而创造的，所以随着灵的知识的增长，心可以无限增大。然而，灵死了之后，非真理的知识包裹其灵，心的大小便受到限制。魂开始在人身上作主，辖制人的心。心按着人在魂里存装什么样的知识、装了多少知识、又怎样应用知识而运作。

因此，心比较大的人也无法超越自己的义和框框以及理论等

超越有灵活人的层次

极限。然而，人只要接待耶稣基督，领受圣灵，从圣灵生灵，就能超越人的极限。进而，越成就灵心，越清晰认知和感受人无法知晓的无限灵界。

有限的人心

属魂的人听神的道时，因为首先浮现储存在大脑的肉体的意念，所以无法从心里领受神的道，领悟属灵的事，更无法用真理改变自己。他们试图用自己有限的心去理解属灵的世界，从而出现许多误解和错误的论断。对《圣经》上的信心的古人先知，也用人意做出许多误解和论断。

有的人对神命令亚伯拉罕将独生子以撒献为燔祭的事件作这样的解释："亚伯拉罕经过心里的争战，才最终顺从神的命令。神使他用三天的路程到达摩利亚山，是要试验他的信心。亚伯拉罕一路上甚是苦恼——顺从还是不顺从？在激烈争战之余最终还是选择了顺从。"

亚伯拉罕当时的心情果真如此吗？这完全是误解！亚伯拉罕索性没有跟妻子撒拉商量，就清早起来赶路，往神所指示的地方去。因为坚信能叫死人复活的权能的神，必用慈爱待他。他因着对神完全的信赖，毫不犹豫地将以撒向神献上。借以此事，察看人肺腑心肠的神认定了亚伯拉罕的信心和爱心，最终给他冠以"信心之父"，"神的朋友"的美名。

人因着自己有限的心和信心的水准，无法理解得神喜悦之人的信心和顺从，甚至误解并论断他们。对那些以爱神为至上并拥有得神喜悦之信心的人，我们只有随着弃绝罪恶，成就灵心，才能渐渐理解和领悟。

怎样才能成为属灵的人？

神是灵，因此祂切愿自己的儿女们都成为属灵的人。属灵的人是指灵恢复主宰的地位，并支配魂和"肉"的人。那么我们怎样才能成为属灵的人呢？首先要断绝非真理的意念，即肉体的意念，不受撒但的主管。并要听从用真理之道主管我们心的圣灵的声音，使魂完全顺服那声音。听道时用"阿门"来领受，并且直到领悟其灵意为止尽心恒切祷告。

从而领受圣灵的感动、感化、充满，灵就能当家作主，每天与神深入交通，进入属灵的世界。如此，魂完全顺从灵，主仆关系正常化，各自发挥正常的功用时，叫做"灵魂兴盛"。灵魂得以兴盛，随之临到凡事兴盛，身体健壮的祝福。

我们正确认识魂的作用，进而将魂恢复到神的标准，便能不再受撒但的辖制，恢复因着亚当的堕落而失去的神的形像。从而灵、魂、肉的次序得以理顺，成为神的真儿女，就能超越"有灵的活人"——亚当的层次，不仅临到治理和管理万物的权柄和能力，也能在高过伊甸园的天国，得享永生福乐。正如哥林多后书5章17节所说："若有人在基督里，他就是新造的人，旧事已过，都变成新的了。"在耶稣基督里全然更新而变化，成为新造的人。

有灵的活人和受耕作之灵的差异

我们若顺从神的话语"不可做"的不做，"当守"的守，不犯"情欲的事"，用真理之道保守自己，就能渐渐变成属灵的人。我们仍属乎肉体，行非真理时，就会遇到各种问题，或患上疾病，但一旦成为属灵的人，就能完全脱离这些困扰，从而过上凡事亨通，身体健壮的人生。

并且，照神的吩咐"当离弃"的恶离弃，随之"肉体的事"和肉体的意念就会被除掉，以至成就属真理的魂。因单单思想真理，便能清晰听到圣灵的声音。全然成就神吩咐我们"当守"、"不可做"、"当离弃"的话语，心里的非真理就被除净，就能被神认定为属灵的人。进而，全然成就"当行"的话语，就能成为全灵的人。

然而，"有灵的活人"——亚当，和因接受耕作而恢复成灵的人是有很大的差距。堕落前的亚当因未曾经历过"肉"，所以不能算是完全属灵的存在。因为他不认识忧愁、痛苦、死亡、别离等只有因着"肉"才能经历的事。并且无法认识真正的感恩或爱。虽蒙神的厚爱，却不知那爱何等美好，何等感恩；享尽美好的一切也不知自己多幸福，可谓"生在福中不知福"。因此，亚当不能成为与神分享真爱的真儿女。只有认识并经历"肉"，才能真正具备的灵的资格。

可是从没经历过"肉"的亚当，存在着顺着自由意志自取"肉"而变质的可能性，在这种状态下，亚当不能算是完全的灵，乃是"存在着死亡之可能性"的灵，因此叫做"有灵的活人"。

或许有人问："亚当怎能接受撒但的引诱？"打个比方说：

有一个家庭有两个善于顺从父母的孩子。哥哥有过被沸水烫的经历，弟弟则没有。有一天妈妈指着烧着热水的水壶嘱咐他们说千万不可触摸。因为这两个孩子素来顺从父母，便照着妈妈的吩咐没有去摸那个水壶。哥哥因为曾经有过烫手的经历，便不用妈妈再三嘱咐也能甘心顺从，并且懂得妈妈呵护和照料儿女的爱心。反之，没有经验的弟弟，虽开始顺从妈妈的话没有去摸，但久而久之看着那冒着热气的水壶产生了好奇心。因他尚且不能正确认识妈妈的心意，随时都会有触摸那水壶的可能性。

"有灵的活人"——亚当也是如此。虽对罪与恶的可怕听得耳熟能详，但因未曾亲身经历，便不知其真相。因不懂得相对性的缘故，亚当在过了无数的岁月之后，顺着自由意志，中了撒但的诡计，终于摘吃了善恶果。

神要的不是像"有灵的活人"亚当一样不懂得相对性的儿女，而是因为经历过"肉"，所以无论在任何状况中都不改变，全然成就灵心的真儿女。他们懂得肉与灵的相对性。他们因在属肉的世界中经历过罪恶、痛苦和忧愁，所以知道"肉"何等痛苦、丑陋、无价值。并且知道与"肉"相对的灵何等美好和幸福。因此虽有自由意志，也不会再接受"肉"。这就是"有灵的活人"和受到耕作之灵的差异。

若说"有灵的活人"是无条件的顺从，那么受到耕作的灵是发自内心的顺从，因他们通过经验能够分辨是非好歹。透过神的耕作，领悟属肉的一切是何等虚空的人，就会自觉地追求神喜悦的属灵的事。神耕作人类的目的正是为了得到这种敬畏神，并顺从神的真正的儿女。因此，受过耕作的灵，就能拥有比伊甸园更美的天国。那些离弃一切罪恶，成为圣洁的属灵人、全灵的人，就能蒙神更大的祝福，进入天国中第三层天国和新耶路撒冷。

属灵层次的信仰出于真诚的爱

我们通过不懈的努力成为属灵的人，就能感受到比先前不同层次的幸福与喜乐。不仅心里临到真平安，而且全然成就"常常喜乐，不住地祷告，凡事谢恩"（帖撒罗尼迦前书5章16-18节）这句神言，便能从内心里喜乐和感恩。明白赐下真幸福之神的心意，便能诚心爱神并感谢神。

虽听说神就是爱，但在成为属灵人之前是无法真正认识那爱。只有透过耕作领悟到神的旨意之后，才能深深认识到神就是爱本身，是我们当第一敬爱的对象。

人在心里的"肉"还没完全离弃的状态下，所表现的爱和感恩是不真实的。虽时常口称爱神（你）、感谢神（你），但不合自己利益的时候，就会变心。对自己有益的时候说感谢，但时间一过，轻易遗忘。遇到难以感恩的事，就连过去所蒙的恩典也忘得一干二净，反倒恼怒。

然而，属灵人的感恩是发自肺腑的，所以无论过了多少岁月，也不会更改。因为心里醒悟历尽伤痛，也要耕作人类的神的旨意，所以发自内心地向神感恩。而且，衷心爱并感恩为我们在十字架上舍命的耶稣基督和将我们引入真理的圣灵，其爱与感恩之心永不改变。

奔向圣洁

因罪而沦丧的人，若接待耶稣基督，蒙恩得救，且因信，并圣灵的能力更新而变化，就能超越"有灵的活人"的层次。非真理渐渐从心里减除，取而代之灵渐渐充满在心里，就会逐渐变成圣洁而属灵的人。

大部分人见到恶事，心里的非真理就与其连合，产生恶念，以至显出恶行。然而，成圣的人，因为心里已经倒空非真理，所以不会出现恶念和恶行。他们恶事连看都不愿意看，即使不经意地看到了，也不会产生恶念，或恶性。

我们若连内心深处的恶都离弃净尽，成为无瑕疵、无玷污的清洁的心，就是属灵的人。从而成为只思想真理的人，即只用真理看、用真理听、用真理说的人。这样的人才能称得上是超越"有灵的活人"层次的神的真儿女。

"我们知道凡从神生的，必不犯罪，从神生的必保守自己，（有古卷作"那从神生的必保护他"），那恶者也就无法害他。"（约翰一书5章18节）

在灵界没有罪，即圣洁就是力量。我们越离弃罪，越能恢复神所赐予亚当的权柄，治理和支配仇敌魔鬼撒但。与罪相争，抵挡到流血的地步，各样的恶事（肉体的事和情欲的事）离弃净尽，就能使仇敌魔鬼撒但蒙羞退后，并蒙神的保守。

成为属灵的人，就不再受那恶者——魔鬼撒但的苦害，能够彰显圣灵的作工，并能借助圣灵的能力，大行权能。当我们成就圣洁的时候，才能成为属灵的人，甚至成为全灵的人（帖撒罗尼迦前书5章23节）。神耕作人类的目的就是要得到真儿女，因此我们成就属灵的人、全灵的人，才是最为有价值的人生。

灵的恢复

——————

我是属肉的人还是属灵的人？
灵和全灵的区别是什么？

"耶稣说:'我实实在在地告诉你:
人若不是从水和圣灵生的,
就不能进神的国。从肉身生的,
就是肉身; 从灵生的, 就是灵。'"
(约翰福音3章5-6节)

第一章

灵和全灵

人因为灵死了所以需要拯救。
死灵重活,并成长的过程就是信仰生活。

什么是灵?

怎样恢复灵?

灵的成长过程

成就好土般的心就是属灵的人

除去肉的痕迹才能进入全灵

成就全灵的凭据

属灵人和全灵人身上临到的祝福

因着亚当的犯罪，人的灵死去，魂取代灵成为主宰。人通过魂的作用继续接受非真理，并顺着心里的情欲而行，便终究不能得救。人的魂是撒但所掌控的。人终身受魂的辖制，犯各样的罪，最终落入地狱。因此，人是需要拯救的存在。神是灵。祂要通过耕作人类，筛选蒙救恩的真儿女，即属灵的人、全灵的人。

哥林多前书6章17节说："但与主联合的，便是与主成为一灵。"神的真儿女是与耶稣基督灵里合一的人。人若接待耶稣基督，并且通过圣灵的帮助，全然住在真理里面，就能成为以主的心为心的属灵人。就是主的灵和人的灵成为一体。但神的灵和人的灵是迥然不同的。神是灵本身，没有肉体，人的灵则是披戴肉体的灵。神是属天的形体；人是用泥土造的属肉的形体，如此，创造主——神和受造之物之间存在明显的区别。

什么是灵？

人们通常认为灵和灵魂是一个概念。词典（韩语词典）里的释义是："死人的魂，或能够脱离肉体而存在的属灵性的不死不灭的精神。"但神说的灵是："永不死的、不改变的、永恒的、生命和真理本身。"即与注定腐朽、变质的肉相对的概念。

这地上有一样接近灵的属性之物，就是黄金。黄金具有长久保持美丽的光泽，不腐朽，也不变质的特性。因此，神把我们的信心比作精金，并且用纯金和宝石建造了我们在天国的居所。

神用这地上的尘土造了首先的人亚当，并将生气吹入他鼻孔里，使他从神领受神属性的一部分。亚当受造为不完全的灵，因此具有沦落为带有土性之"肉"的可能性。因此称之为"有灵的活人"，而非"灵"。

神创造亚当为"有灵的活人"之原因是什么？正是为了使人通过耕作体验"肉"之后，超越"有灵的活人"之层次，成为全灵的人。这不只是对亚当，也是对其所有后裔——全人类的旨意。为此神在万世之前早已预备救主耶稣和保惠师圣灵。

怎样恢复灵？

"有灵的活人"在伊甸园生活了无数的岁月，后来因犯了不顺从的罪，断绝了与神的交通。从此撒但辖管人的魂，并通过人的魂，将非真理的知识灌输到人的里面。随之，神所赋予的灵的知识渐渐从心里减除，取而代之撒但所栽植的"肉"的内容物——非真理的知识渐渐装满心里。

随着岁月的流逝，"肉"的内容物越来越充满在里面，以至将生命的种层层围困，使其丧失动弹之力。就是管这种灵里面的生命之种如同死了一般，完全丧失其功用和活动能力的状态称作"灵死了"。灵的死亡意味着使生命之种活动的神的光被收回。那么，为了使死灵变成活灵应当怎样做呢？

第一、要从水和圣灵重生。

凡听了真理之道，接待耶稣基督为救主的人，都能领受所赐的圣灵。正如约翰福音3章5节所说："耶稣说：'我实实在在地告诉你：人若不是从水和圣灵生的，就不能进神的国。'"我们只有从神的道和圣灵重生，才能得救。

圣灵临到我们心里救活死灵，使灵重新启动，且帮助我们离弃非真理——"肉"，破碎属魂的一切，并供应灵的知识。人若不领受圣灵，其死灵就无法重活，更无法领会神道所包含的灵意；道不能栽植在心里，因无法相信神道，便毫无遵行神道的能力。只有依靠圣灵的帮助，才能灵里醒悟，并从心里相信神的道，同时通过祷告得到能力，得以遵行神的道。

第二、要持续不断地从圣灵生灵。

既然领受圣灵，死灵重活，就当将灵的知识渐渐装满在灵里面。这就是"从圣灵生灵"。当我们靠着圣灵的帮助，殷勤祷告，弃罪弃到流血的地步，邪恶的心、非真理的心，相应地从心里消失。同时将圣灵所供应的仁爱、良善、诚实、温柔、谦卑等真理的知识领受在心里，善心、真理的心便相应地增多。这是与亚当犯罪之后人们渐渐被"肉"所沾染是相反的一个过程。这就是灵魂兴盛，成为属灵人的过程。

不过，有的人虽领受了圣灵，却不更新自己的心意。他们不体贴圣灵而行，反倒随从肉体的情欲，仍在罪孽中生活。他们起初努力离弃罪，但从某个瞬间开始变成不冷不热的信仰，不再与罪相争，进入"休战"状态。起初心一点一点变成白心，但自从停止与罪争战开始，重新与世俗为友，时常犯罪，心就越来越变黑。我们虽然领受了圣灵，但若仍旧心存黑心、非真理的心，生命的种就无法得着力量。

帖撒罗尼迦前书5章19节说："不要消灭圣灵的感动。"即使领受了圣灵，若不遵行神的话语，仍活在罪孽之中，只能渐渐消灭圣灵的感动，以至失去救恩。不能因领受了圣灵，蒙了救恩，就持有安逸的心，不更新改变自己，否则只能沦为"按名是活的，其实是死的"人（启示录3章1节）。

约翰一书2章25节说："主所应许我们的就是永生。"神已将永恒的生命，即永生的应许赐给我们。但这里有先决条件：就是我们谨守遵行所听的道，与主和神合而为一。也就是说，与神灵里合一的时候得永生；不活在主和神里面则就算口称信主也无法得救。

灵的成长过程

约翰福音3章6节说："从肉身生的，就是肉身；从灵生的，就是灵。"人停留在"肉"的层次，就无法生出灵来。既然领受了圣灵，死灵得活，就应当使灵不断成长。没有按时发育，或停止成长的孩子，难以过正常的生活。信仰生活也是如此。神的儿女既然得了生命，就当继续培养自己的信心和灵。

《圣经》告诉我们信心的大小因人而异的事实（罗马书12章3节）。约翰一书记载人的信心有不同的阶段：依序有从水和圣灵重生的小子的信心、少年人的信心、父老的信心。

> "小子们哪，我写信给你们，因为你们的罪藉着主名得了赦免。父老啊，我写信给你们，因为你们认识那从起初原有的。少年人哪，我写信给你们，因为你们胜了那恶者。小子们哪，我曾写信给你们，因为你们认识父。父老啊，我曾写信给你们，因为你们认识那从起初原有的。少年人哪，我曾写信给你们，因为你们刚强，神的道常存在你们心里，你们也胜了那恶者。"（约翰一书2章12-14节）

神按照我们因神的道更新而变化，成就诚心，即从圣灵生灵的程度，从上头赐下相应的属灵信心。圣灵工作是帮助我们成就灵心，信心长进。住在我们里面的圣灵，使我们明白何谓罪、义和审判（约翰福音16章7-8节），并使我们相信耶稣基督，心里明白蕴含在神话语里面的灵意。通过这种圣灵的带领和指引，我们才能恢复神的形像，成为神的真儿女、属灵人、全灵人。

要想使灵得以增长，首先要攻破肉体的意念。肉体的意念来自心里非真理的魂的作用。例如：心里有恶的人，听说有人说了自己的坏话，首先起魂的作用——产生"真不像话！恼火！伤自尊心！"等肉体的意念。

这是因为掌管人魂的撒但，给人灌输恶念。人在这种魂作用的促使下，怒气、情绪、自尊心等非真理在心里摇动、翻腾，"马上去教训他"的心压倒理解别人的心油然而生。

前面提到的"肉体的事"也是包含在肉体的意念；自义和框框、理论等通过魂的作用而显现，也是属于此范畴。"不妥协是真理"，持有这种框框的人，就会在该体贴对方信仰水准的事上也固执自己的观点而打破和平。另外，因先考虑自己所处的环境，或现实的条件，持有"这事现实上难以成就"的先入为主的观点，这也能成为出现肉体意念的要因。

我们虽然接待主，并领受了圣灵，但在"肉"没有完全被离弃之前，圣灵无法全然运作灵的知识。神真理之道浮现的时候思想属灵的事；浮现非真理的时候则思想肉体的事。

"因为随从肉体的人体贴肉体的事；随从圣灵的人体贴圣灵的事。体贴肉体的就是死，体贴圣灵的乃是生命平安。原来体贴肉体的，就是与神为仇，因为不服神的律法，也是不能服。而且属肉体的人不能得神的喜欢。"（罗马书8

章5-8节）

这意味着人只有打破肉体的意念方能进灵。停留在"肉"的层次的人，只能思想肉体的事，以至出现与神为仇的言行。

撒母耳记上15章的扫罗王就是其代表性的例子。神指示他攻打亚玛力人，连人带牲畜以及他们的所有都要除灭净尽。这是亚玛力族人大大敌对神，恶贯满盈所致的必然报应，神灭绝他们是合乎情理的。

然而，扫罗王虽然在战争中取胜，但以向神献祭为借口，违背神的命令，将上好的牲畜留下，并且活捉亚玛力王而归来，为的是要显耀自己的战绩。他不顺从是出于因贪心和骄傲所产生的肉体的意念。眼睛因贪婪和骄傲所蒙蔽的扫罗王，因继续动用肉体的意念而犯罪，最终悲惨地死亡。

人产生肉体意念的根本原因是：心里有非真理。若心里只有真理的知识，就不会产生肉体的意念。没有肉体之意念的人，单单思想属灵的事，顺着圣灵的声音和主管而行事，从而蒙神的爱，时常经历神的作工。

因此，我们要殷勤脱去非真理，用神的道——真理的知识来装备自己。"用真理之道装备自己"的意思是：将神的道当作灵粮，消化吸收，即听道和行道并行。还要不停将自己的意念改换成属灵的意念。无论面对什么人，看见或听见什么事物，不要在自己的立场上论断、定罪，而当时常努力用真理来应对。应当不断省察自己是否每个瞬间都用善心、爱心和诚实待人接物。这样才能迅速取得属灵的成长。

成就好土般的心就是属灵的人

箴言4章23节说："你要保守你心，胜过保守一切（或作"你要切切保守你心"），因为一生的果效，是由心发出。"意即使人永生的生命根源是由心而出。种子落在田间，就生根、发芽、开花、结果。同样，神的道落在人的心田，才能结出属灵的果子。

神的道在生命之本——人的心里起两种作用。一是开垦的作用——从心里拔除罪、非真理等"稗子"；二是撒种并结果子的作用。《圣经》的内容虽博大精深，但可以概括成四类——"当行"、"不可做"、"当离弃"、"当守"。其中"当离弃"的包括离弃各样罪恶、贪婪等；"不可做"则包括"不可恨人"、"不可论断"、"不可定罪"等。若顺从这类话语，就能把"稗子"，即罪恶除净。就是神的道进入我们心田，进行开垦成好土的工作。

光开垦过田地就罢手了，便毫无用处。要在开垦好的田间，播种真理、良善，结出圣灵的九种果子、八福的果子、爱的果子。我们谨守遵行神"当守"、"当行"的道，就是栽种的工作，我们心田里必然发芽、开花、结果累累。

成就属灵人的过程——在第一部，第三章里讲述过——跟开垦心田的过程是一样的。坚硬的土要翻耕，并拣除石头，拔除荆棘，才能开垦成好土。同样，照神的吩咐，不可做的不做，该离弃的离弃，彻底脱去"肉体的事"和"情欲的事"，就能把心田开垦成好土。人们心里所存的恶的种类各不相同。先把将最难离弃的罪根拔除，其须根就会自动被拔除。例如：猜忌和嫉妒心特别强盛的人，若把此罪根拔除，随之仇恨、说坏话、虚谎等须根就会一同被拔除；

将"怒气"的主根除掉，随之愤怒、坏脾气等须根也会一同被拔除。只要为了离弃怒气而不断努力并祷告，就能借着神所赐的恩典与能力并圣灵帮助，彻底离弃怒气。同时，顺从神的话语，不断在生活当中活出真理之道，就能领受圣灵的充满，"肉体"的势力渐渐减弱。一天发怒十次的人，每天减去一次、两次，继续减下去，便只剩真理了。用这种方法将所有的罪性离弃净尽，成就好土般的心，便本身就是灵。在此基础上殷勤栽植"彼此相爱"、"宽容"、"服侍"、"守安息日"等神令我们"当行"和"当守"的真理之道在心田里。此时，离弃非真理，盛装真理的工作是并行的，而非把罪离弃完毕，再盛装真理。借此过程，心里只有真理，那便是属灵的人了。

为了成为属灵的人，当离弃的恶当中还有本性里的恶。"本性"用土来比喻的话，相当于土质，是通过父母"精气"的遗传传于后代。加上在成长过程中，多接触并领受恶的事物，本性就会相应变恶。本性里的恶，在平安稳妥的环境中是不易发现的。

就算离弃了显而易见的罪恶，但离弃本性里的恶并非易事。若要离弃本性里的恶，必须要有恳切祷告的努力和行为。此时，神会像熬炼约伯一样，使我们通过熬炼发现并离弃本性里的恶。

在信心成长过程中，快接近属灵人的层次时，往往停滞很长时间。这是因为扎根在本性里的恶。俗语说"斩草要除根"，只有发现本性里的恶，并彻底将其除净，才能成就灵心。当我们成为属灵的人，良心变成属真理的良心，心里充满真理，心便是灵。

除净肉的痕迹才能进全灵

属灵的人因为心里没有恶，所以能常被圣灵充满，并心里幸福。但仍不是完全的，因为还有"肉的痕迹"残留。"肉的痕迹"是跟进灵之前所持有的根本品性或属性有关联。例如：有的人品性干脆利索、斩钉截铁并且仁义，但爱心和德行有所缺乏；有的人喜欢施舍，爱心也很多，但易产生情绪，或言行粗鲁。

如此，人进灵之后也有从前所持有的属肉的部分如同痕迹残留，并带来影响。这如同渍了油泥的陈年的衣服，即便洗濯也无法恢复原来的衣料颜色一样。"肉的痕迹"虽不是恶，但只有除掉它，并全结灵果的时候，才能进入全灵的阶段。若说开垦成好土的心田，即毫无非真理的心是"灵"，那么在其心田里撒种，结出肥美的属灵的果子的状态就是"全灵"。

大卫王进灵之后，神又一次允准他受熬炼。有一天大卫王指示约押进行人口普查，目的就是为了数算可出去打仗的军人。约押因为觉得此事在神面前不合宜，便挽留说："我主为何吩咐行这事，为何使以色列人陷在罪里呢？"然而，大卫没有听劝，坚持自己的立场数点百姓，于是神的震怒临到以色列，众多百姓死于瘟疫。

深知神旨意的大卫怎能招来这么大的灾祸呢？大卫长久岁月遭受扫罗王的追杀，并且经历了许多战争。甚至曾被自己的亲生儿子夺权而逃命。长久岁月历尽苦难的大卫，后来当自己的政治地位坚固，国力强盛时，谨慎自守的心有所懈怠，便有显耀自己国中人口繁多的心乘虚而入。

"你要按以色列人被数的计算总数。你数的时候，他们各

人要为自己的生命把赎价奉给耶和华，免得数的时候在他

们中间有灾殃。"（出埃及记30章12节）

如上经文记载：神曾经数点出埃及的以色列百姓人数，旨在建立组织体系。神叫各人在计算人数时奉献赎价的目的，是要叫所有的百姓都能缅怀保全他们生命的神恩，从而降卑己心。计算人数本身并非犯罪，必要时可以数算百姓数量，但神要的是他们承认百姓数量的多少乃在乎神的谦卑之心。

然而，大卫王在没有领受神指示的情况下数点人口。这是他不单单依靠神，而要依靠人力量之心意的表露。人口多意味着兵力和国力的强盛。醒悟自己错误的大卫虽然即时悔改，但为时已晚，他已卷入巨大熬炼的漩涡——瘟疫降到以色列全地，瞬息间死了七万人。

当然这一管教并不单纯是因着大卫的骄傲，身为一国之君人口普查是充分可行的事，再说也不是出于犯罪的意图。因此，在人的立场上不能说大卫犯了罪，但在圣洁完全的神看来，可以说大卫没有完全依靠神，并且骄傲。

如此，有在人看来不算是恶，在完全的神看来则是恶的情况，这就是弃恶成圣之后仍然残留在人心里的"肉的痕迹"。神为了从大卫身上连这些"肉的痕迹"也除去净尽，使他成为完全，就许可了这场熬炼。事实上瘟疫降在百姓身上的根本理由，是因着百姓自己的过犯引发了神的烈怒。

因此，撒母耳记下24章1节中记载此事件时，首先提及神向以色列百姓发怒的事实，说："耶和华又向以色列人发怒，就激动大卫，使他吩咐人去数点以色列人和犹大人。"

此时，遇难的并非可蒙救恩的善良的百姓，而都是悖逆神的百姓。可是大卫看到百姓因自己的行为而死去，甚为哀恸并彻底回转。神借以此事一面警戒百姓，一面熬炼大卫。

事后神吩咐大卫，在耶布斯人阿珥楠的禾场上筑坛向神献上赎罪祭。大卫遵命照办，并买了那块地，正式预备建造圣殿。借此可以得知大卫恢复了神的恩宠。经历这场熬炼之后，大卫将神的话铭刻在心，比先前更加谦卑，成为进入全灵的契机。

成就全灵的凭据

进入全灵的凭据是结满丰盛的属灵的果子。但并不是说成就全灵之前没有果子。属灵的人是在渐渐结满属灵的爱、光明的果子、圣灵的九种果子、八福的果子等属灵果子的过程当中，即在渐渐充实的过程当中，尚未完全充实。进灵的每个人充实的程度都不一样。

例如：若"当守"、"当离弃"的道完全成就在心里，便无论任何时候都不会产生仇恨，或恶的情绪。然而，对"当行"的道，各人成就的程度呈现差异。就"爱人如己"的道而言，有人只达到不恨人的水准；有的人达到用积极的行动和服侍，感动对方的水准；甚至有人达到能为对方舍命的水准。这个行为始终不变的时候，就可称得上是成就了全灵。

各人在结圣灵果子的程度上也呈现差异。属灵的人，有的果子充实了50%，有的则充实了70%；仁爱的果子结的充实，但节制的果子有所缺乏；信实的果子结得丰硕，温柔的果子则比较微弱。

然而，全灵的人每一种圣灵的果子都结得100%充实和成熟，因此圣灵能够100%主管和带领他的心，便能在所有方面保持和谐，毫无缺欠。对主充满热心和热情的人，若有节制的能力，就能在必要时适可而止，不拖泥带水，干净利索地了事。

他们虽棉絮般地温良柔顺，但有时有雄狮般的胆力和威严的权柄。虽能凡事求别人的益处，有敢为人舍命的爱，但不会拘泥于私人感情，而只照神的公义行事。神令他做人所不可能的事，也会只以"阿门"去顺从。

表面上看属灵人和全灵人所表现的顺从，好像没有什么差异，但其实存在差异。若说属灵人的顺从是出于爱神，那么全灵的人是出于深入了解神的心。全灵的人是在所有方面效法神心的真儿女，已经满有基督长成的身量，能与众人和睦，凡事顺着圣洁的心行事，并全家尽忠。

帖撒罗尼迦前书4章3节说："神的旨意就是要你们成为圣洁，远避淫行。"5章23节说："愿赐平安的神亲自使你们全然成圣。又愿你们的灵与魂与身子得蒙保守，在我主耶稣基督降临的时候，完全无可指摘。""主耶稣降临的时候"是指在七年大灾难来临之前主耶稣再来接我们走的时候。意思是：叫我们在那之前要成就全灵，完全无可指摘，然后迎接新郎主耶稣。成就全灵，魂和肉就能变成属灵的魂和肉，便能在无瑕疵，无玷污的状态下迎接再临主。

属灵人和全灵人身上临到的祝福

属灵的人因灵魂得兴盛，便得到凡事兴盛，身体健壮的祝福（约翰三书2节）。因为完全除净心里的恶，便可称得上是神圣洁的儿女。并能正式得享神所赐于光明之子的属灵权柄。

第一、不得疾病，过健康的生活。进灵的人常蒙神的保守，不得疾病，免遭事故，过健康的生活。年纪大了也不衰老，皱纹也不增加。进而进全灵，皱纹展开，皮肤变得润泽而有弹性，恢复青春、强壮的体力。

亚伯拉罕通过了献以撒的试验之后进入了全灵，便能在年过140岁的时候生下六个孩子。这是他回春的明证。而且摩西因"谦和胜过世上的众人"，虽80岁蒙神呼召，也能带着满腔的热心为神作工40年，到了120岁，眼目也没有昏花，精神没有衰败。还有，属灵的人能与自己和睦。因为心里没有恶，所以不会论断或嫉妒别人，从而心里时常充满喜乐和平安。与众人和睦，得众人的信任和赞赏，容易使周边人接受福音。

第二、因为无恶，仇敌魔鬼撒但无法带给他试探和患难。正如约翰一书5章18节所说："我们知道凡从神生的，必不犯罪，从神生的必保守自己（有古卷作"那从神生的必保护他"），那恶者也就无法害他。"全蒙神的保守。仇敌魔鬼撒但只能控告属肉的人，并带给他们试探和患难。

神之所以在撒但控告约伯的时候，允准撒但的控告，是因为约伯尚未离弃本性里的恶。约伯在熬炼当中发现了自己的恶并作了忏悔。借此，约伯除掉了本性里的恶而进灵，撒但便无法再控告约伯。神喜悦约伯，并赐他比先前加倍的祝福。

第三、正确领受圣灵的主管而顺从，得到凡事亨通的祝福。属灵人的心完全被真理更新而变化，而且神的道完全生活化，自然流露出真理的行为，而且正确领受圣灵的主管，并做出完全的顺从。为成就某事，只要心里相信而祷告，就直到蒙应允为止恒久忍耐，信心丝毫不摇动。我们若成为这种凡事顺从的人，就能得到神细致的带领，并得到智慧和明哲。凡事完全向神交托而行时，就算因瞬间的失误偏离神的道路，神也会保守我们，即使前程有恶人的陷阱，神也会使我们绕其而行，或使万事都互相效力，使我们得益处。

第四、凡所求速蒙应允，连心里所求的也能速蒙应允。约翰一书3章21-22节说："亲爱的弟兄啊，我们的心若不责备我们，就可以向神坦然无惧了。并且我们一切所求的，就从他得着，因为我们遵守他的命令，行他所喜悦的事。"这话已经完全应验在他们的身上。按肉体看既没有技术也没有才能的人，只要他进灵，神就在凡事上在他的前头行，预备一切，并将他引入蒙福之地，使他满得属灵的祝福并物质的祝福。

我们凭信心栽种并祈求时，蒙受"连摇带按，上尖下流"的祝福（路加福音6章38节）。然而进灵之后就能获得30倍、60倍、100倍的收成，甚至心里所求的也能速蒙应允。

全灵的人所蒙的祝福实在是一言难尽。他们因为得神的喜悦，神预知他们物质、名誉、权势、健康等方面所需，便在他们祈求以先就给予应允。他们因为自身没有什么可求的，便时常只求神的国和义，并为不认识神的失丧灵魂恳切祈求。他们无罪恶的善美的祷告和为拯救灵魂的爱心的祈求，成为美妙而浓浓的馨香献于神面前，便大得神的喜悦。

　　进入全灵的人这种以爱神的心做的火热祷告日积月累，就能照使徒行传1章8节所说："但圣灵降临在你们身上，你们就必得着能力。"彰显神惊人的权能。总之，属灵的人和全灵的人，因为以爱神为至上，并得神的喜悦，成为神的真儿女，《圣经》上记载的一切祝福的应许便如数临到他们。

第二章

神原本的旨意

神因不希望亚当在对幸福、喜乐、感恩、爱等无知的状态下永生，便放置善恶果，使亚当经历属肉的一切。

神为何不把人创造为灵？

自由意志与铭心的重要性

创造人类的目的

神愿通过真儿女得荣耀

神对人类的耕作就是在这地上将属肉的人恢复为属灵人的过程。在对这些过程和目的无知的状态下漫无目的地出席教会，对人有何益处呢！如今，虽过信仰生活，但却没有圣灵体验和得救之确信的人实在太多。我们过信仰生活的目的不单单在于得救，也在于恢复神的形像，成为神的真儿女，从而能够与父神永远分享爱与被爱的幸福，归荣耀于父神。

那么，神创造亚当并对人类进行耕作的本意是什么？创世记2章7-8节说："耶和华神用地上的尘土造人，将生气吹在他鼻孔里，他就成了有灵的活人，名叫亚当。耶和华神在东方的伊甸立了一个园子，把所造的人安置在那里。"

神创造万物的时候，大部分都是用话语而创造的，但创造人的时候却亲手用泥土捏制。还有，将天国的天军和天使创造为灵，将来进入天国的人则没有创造为灵，而通过复杂的过程，用泥土所造。这里包含着神特殊的旨意。

神原本的旨意

神为何不把人创造为灵？

神若不用泥土，而用灵来造人，人便永远无法经历"肉"，且永远不会悖逆神、摘吃善恶果。土有随着所加添的成分而变的属性。亚当之所以尽管处在属灵的空间，却仍能至于败坏，是因为他是用土所造的。不过亚当并非从起初就变质。

伊甸园是充满神的气息的属灵空间，所以撒但欲给亚当栽植属肉的属性也不能。不过有一个有利的条件：就是神赋予亚当的自由意志。亚当接不接受"肉"全靠他自由意志的选择。虽是"有灵的活人"，但只要接受"肉"，"肉"必然乘虚而入。然而，过了长久岁月之后，亚当终于自愿打开心门，入了撒但的迷惑，将"肉"接在心中。

其实神赐人自由意志，寻根究底也是出于耕作人类的目的。若没有自由意志，亚当就根本没有接受"肉"的余地，耕作人类的计划自然也就无法实现。预知一切的神为了照着自己的旨意进行对人类的耕作，便用泥土造了亚当，而非用灵。

自由意志与铭心的重要性

神用泥土造亚当，并赋予自由意志，是出于祂对人类耕作的深奥旨意。因为人类只有通过耕作，才能变成神喜悦的真正的儿女。

> "只是分别善恶树上的果子，你不可吃，因为你吃的日子必定死。"（创世记2章17节）

罪进入亚当的原因，一方面是因有自由意志，另一方面是因没有将神的话语铭刻在心。"铭心"的词义（韩语辞典）是：将某种言语或事实刻在心里，牢记不忘。属灵的意义则是：将神的道刻在心里，并一心不变地遵其而行。我们周围有屡犯同样错误的人，也有有错即改的人。这就是"铭心"的差异。在此"铭心"重要的理由是：亚当因不铭心而进入了罪；倒过来我们将神的话语刻骨铭心，并遵其而行，便能恢复我们失丧的灵。

接待耶稣基督，领受圣灵的人，因原罪而死的灵死灰复燃。从此，只要将神的道铭刻在心，并极力遵行，就能渐渐从圣灵生灵，灵命迅速长进。铭心神的道，并用不变的心志顺其而行，这对灵的恢复起到至关重要的作用。

创造人类的目的

天国存在着无数如天使一样的受造的众灵，它们对神的话语惟命是从。但除了个别的以外，都不具备能分享爱的"人性"，即自由选择的意志。于是神创造起初的人亚当，作为分享真爱的对象。

我们可以想象神创造亚当时的那种幸福的样式。创造亚当的嘴唇时，寄托他用嘴唇赞美神的希望；造耳朵时，寄托他倾听神话语，成为顺命之子的希望；造眼睛时寄托他用眼睛感受万物的美妙，归荣耀于神的希望。总之，神造人的目的就是：要通过人悦纳赞美与荣耀，并与之分享爱与被爱的幸福。神愿所造的人成为自己真正的儿女，与之永远一同分享宇宙万物以及天国的美妙，永恒之幸福。

启示录记载：蒙恩得救的神的儿女们，永世敬拜在神的宝座前的情形。来到令人惊叹不已的美丽幸福的天国，感受到神彰显的深奥且奇妙的旨意，便赞美和敬拜由心发出。人起先受造为"有灵的活人"，后来沦落为属肉的人，尝尽喜、怒、哀、乐，然后重新成为属灵的人，这才成为向神献上由衷的爱和感恩与荣耀的神的真儿女。

亚当生活在伊甸园的时候是不能算为真儿女。因为神只将善和真理的知识传授于亚当，所以亚当无从知道何为罪、恶、不幸和痛苦等。伊甸园是属灵的空间，没有腐朽、变质和死亡。

因此亚当无法懂得死亡的意义。虽然过着丰饶平安的生活，但却感受不到幸福、喜乐或感恩。因为没有体验过忧愁和不幸，便不知相对的喜乐和幸福；因没有体验过仇恨，便不知爱的真谛。神不愿意亚当在这种状态下永远活下去。便放置了善恶果，使他经历属"肉"的事物。

经历虚空、腐朽、变质的属肉世界的人，重新成为神儿女的时候，就能领悟灵的美好、真理的可贵，并能对赐永生之神的慈爱真诚地感恩。真正懂得这一神的心意，就不会对神放置善恶果的意图产生质疑，更不会抱怨不平。反而对神施行耕作人类的计划，以及使自己的独生爱子为救赎败坏成"肉"的人类而舍命的大爱，深深感恩，并将荣耀归给神。

神愿通过真儿女得荣耀

神耕作人类的目的是要借以得到真儿女，并借着他们得荣耀。以赛亚书43章7节说："就是凡称为我名下的人，是我为自己的荣耀创造的，是我所作成、所造作的。"还有在哥林多前书10章31节说："所以，你们或吃或喝，无论作什么，都要为荣耀神而行。"

慈爱公义的神，为了救赎我们，将自己的独生子赐给我们，并预备了天国和永生的福分。单凭这些，神也是配得荣耀的。神说这话并不是因有要得荣耀的贪心，神愿得荣耀的终究理由是：要将荣耀归给荣耀祂的人，正如约翰福音13章32节所说："神要因自己荣耀人子，并且要快快地荣耀他。"

神因我们得荣耀，便使我们在地上得福百倍，在天国永享极大的荣耀。哥林多前书15章41节说："日有日的荣光，月有月的荣光，星有星的荣光。这星和那星的荣光也有分别。"就是说得救的人在天国所要得享的荣耀各不相同。按照人在世的日子里离弃罪恶，成就清洁之心的程度，以及为神的国忠心的程度，将来在天国得享相应的居所与荣耀，这是永不变的应许。

神为了获得属灵的真儿女，创造了人类。叫人顺着自由意志脱去非真理的"肉"与魂，成为属灵的人和全灵的人，是神原本的旨意。神创造人类并耕作人类的根本目的就因着他们而达成。

当今世界，真正度过与神创造人类的目的相称之人生的能有多少呢？真正明白神造人之目的的人，必然完全寻回因着亚当的犯罪而失去的神的形像。只有用真理去看、听、说，并所思、所想、所行，尽都圣洁完全的时候，才能称得上是神的真儿女，使神的喜乐胜过创造起初的人亚当之后的喜乐。这样的神的儿女们，必将在天国得享无与伦比的荣耀。

神原本的旨意

第三章

人的真相

神照自己的形像创造了人类。我们恢复失去的神的形像,
与神的性情有分,这是神的迫切旨意。

什么是人的本分?

与神同行的以诺

神的朋友亚伯拉罕

爱百姓胜过自己生命的摩西

被人看作是神的保罗

承受神道的人称为神

我们若谨守遵行神的话语，就能像犯罪之前的亚当，心里充满真理的知识，成就灵心。恢复失去的神的形像，以神的心为心，这就是人的本分。

查考《圣经》就能发现：凡承受神道的人、传讲从神领受的奥秘之道，并大行权能，证实永活之真神的人都荣耀了神的名，受人尊崇，甚至君王也向他们俯伏下拜。因为他们是至高神的儿子、神的真儿女（诗篇８２篇６节）。

巴比伦王尼布甲尼撒有一天做了一个梦，心里烦乱，不能睡觉，苦闷之余吩咐人将术士、用法术的、行邪术的和迦勒底人召来，督促他们给自己解梦。但这是靠人的能力是做不到的，只有不与世人同居的神，即耶和华真神才能做到。

于是但以理对王承诺，只要王给宽限，他就将梦的讲解告诉王。神将这奥秘的事，在夜间异象中给但以理显明。但以理便到王面前述说那梦并解释那梦。当时，尼布甲尼撒王俯伏在地，向但以理下拜，并且吩咐人给他奉上供物和香品，并将荣耀归给了神（但以理书2章、3章）。

什么是人的本分？

所罗门王在世得享无与伦比的荣华富贵。以从父王大卫继承的统一王国为基础，建立了强盛国度，受许多周边国的朝贡，其繁荣达到了顶峰（列王记上10章）。然而，他久而久之忘却了神恩，以为一切都是自己的功劳，并且轻忽禁止与外邦人通婚的神命，取了许多外邦女人作为后宫。甚至，顺着外邦女人的诱惑，建筑丘坛，崇拜偶像。

神两次警告所罗门不要随从别神，但他仍然没有顺从，于是神的震怒临到以色列，以色列分裂成南北两朝。所罗门虽然享尽了荣华富贵，却在晚年回首往事，彻底醒悟世事的虚空，便感慨地告白："虚空的虚空，虚空的虚空。凡事都是虚空。"在传道书12章13节则定下结论，说："这些事都已听见了，总意就是敬畏神，谨守他的诫命，这是人所当尽的本分。（或作"这是众人的本分"）"。

"敬畏神，谨守他的诫命，是人所当尽的本分"此话的意思是什么呢？敬畏神就是恨恶邪恶（箴言8章13节）。爱神的人必然离弃罪恶，遵行神的命令，以至寻找到人的本分。全然效法主的心，恢复神形像的人，才是名副其实的人。我们透过神喜悦的信心的楷模古人先知们探讨真人的样式。

与神同行的以诺

神与以诺同行300年之后，活活把他接到天上去。以诺不拘于灵界的法则"罪的工价乃是死"，没有经历死亡，就活活被提，这是神认定他丝毫无罪的明证。原来以诺效法神的心，成就清洁无暇的心，便能活活被提，而不受撒但的控告。

> "以诺活到六十五岁，生了玛土撒拉。以诺生玛土撒拉之后，与神同行三百年，并且生儿养女。以诺共活了三百六十五岁。以诺与神同行，神将他取去，他就不在世了。"（创世记5章21-24节）

"以诺与神同行"意味着神在他一切事上与他同在。以诺300年来完全照神的旨意生活，于是无论他走到哪里，神也与他同在。

神本就是光、善、爱。因此人要与神同行，必须心里毫无黑暗，并充满良善与仁爱。以诺虽生活在这罪恶的世界，却保守己心，敬虔度日，并将主的再临与审判等神的旨意传于世界——"亚当的七世孙以诺，曾预言这些人说：'看哪，主带着他的千万圣者降临，要在众人身上行审判，证实那一切不敬虔的人，所妄行一切不敬虔的事，又证实不敬虔之罪人所说顶撞他的刚愎话。'"（犹大书1章14—15节）

《圣经》上找不到以诺留下什么辉煌的业绩，或胜任特殊使命的记录。然而，神对敬畏神，远离罪恶，过圣洁生活的以诺，爱不释手，迫不及待地将他留在自己身边，便在他还年轻的时候，把他取去。当时，人的寿命达到约９００年，以诺当时是３６５岁，可谓正当年轻之时。

> "以诺因着信，被接去，不至于见死，人也找不着他，因为神已经把他接去了。只是他被接去以先，已经得了神喜悦他的明证。"（希伯来书１１章５节）

如今也不例外：不被世俗的污秽所沾染，成就清澈明净的心，敬虔度日的人，神照样与他同行。这也是神对我们切切的心愿。

神的朋友亚伯拉罕

神愿意透过信心之父亚伯拉罕，向全人类显明神真儿女的样式。亚伯拉罕被神认定为万福的泉源、神的朋友。"朋友"是亲近、值得信赖、可以坦然述说秘密的存在。当然，亚伯拉罕并非从起初就完全，直到拥有全然信靠神的信心，他也经历了数次的熬炼。那么，亚伯拉罕凭什么从神得到作神朋友的资格呢？

在亚伯拉罕对神只有"是！"、"阿门！"和顺从。起初蒙神的呼召，离开故土的时候，虽不知该往哪里去，但他仍然遵命出去。亚伯拉罕又是求别人的益处，并追求和睦的人。与一直同居的侄儿罗得分居的时候，虽身为长辈、族长，却把选择美地的权利毫无保留地让给了侄儿罗得。

"遍地不都在你眼前吗？请你离开我，你向左，我就向右；你向右，我就向左。"（创世记13章9节）

神喜悦亚伯拉罕这般美好的心灵，便再次向亚伯拉罕许下祝福的承诺："凡你所看见的一切地，我都要赐给你和你的后裔，直到永远。我也要使你的后裔如同地上的尘沙那样多，人若能数算地上的尘沙，才能数算你的后裔。"（创世记13章15－16节）

有一次发生了侄儿罗得所住的所多玛和蛾摩拉城遭到四国联军的侵略，人民和财物被掳掠一空的事件。当时亚伯拉罕听见他侄儿被掳去，就率领他家里生养的精练壮丁三百一十八人，追赶杀败联军，并将被掳掠的一切财物，以及包括他侄儿在内的所有人民也都夺了回来。

当所多玛王要用财物回报亚伯拉罕时，他说："凡是你的东西，就是一根线，一根鞋带，我都不拿，免得你说：'我使亚伯兰富足。'"领受财物并非不义，但他为了证明自己的祝福无不来自耶和华神，便毫不留恋地拒绝。他心里清洁、毫无私欲，一心一意求神的荣耀，得神的喜悦，神便时常赐予他溢满的祝福。

当神命令亚伯拉罕将100岁时得的儿子以撒献为燔祭的时候，他也毫不犹豫地立刻顺从。因他信赖能让死人复活的全能神。对于这样的亚伯拉罕，神曾对他说："为你祝福的，我必赐福与他。那咒诅你的，我必咒诅他，地上的万族都要因你得福。"而且给他冠以信心之父的头衔。不仅如此，还对他应许：将来要从他的后裔中兴起拯救全人类的神子耶稣。

约翰福音15章13节说："人为朋友舍命，人的爱心没有比这个大的。"然而，亚伯拉罕甚至献上了比自己的生命还要宝贵的独生儿子，显明了对神至上的大爱。神将这样的亚伯拉罕，立为耕作人类的标杆。

神是无所不能的全能者，但祂按儿女们通过耕作更新变化的程度，赐予相应的应允和祝福，以便使他们在对此的感恩和感动中，感受到神的慈爱。

爱百姓胜过自己生命的摩西

摩西在埃及做王子的时候，在帮助自己同胞的过程中杀死了埃及人，便逃离法老的宫殿。从此，他在旷野度过了长达40年的牧羊生涯。从王子的身分一落千丈沦为在米甸旷野放羊的卑贱境地的摩西，经过熬炼完全打破了王子的自尊心、自义等老我。当摩西变得卑微、谦虚的时候，神向他显现，并赐予他引领以色列百姓出埃及的使命。摩西冒着生命危险，遵神的命，到法老面前传达神的旨意。

看到《圣经》上的以色列百姓的行为，便能得知能够包容所有悖逆之百姓的摩西是何等伟大的人物。每当遇到危险境地的时候，百姓总是埋怨摩西，甚至举起石头要打他。没有水，就抱怨口渴；有了水又抱怨没食物；神降下吗哪给他们，他们就埋怨没有肉吃；甚至说在埃及吃的是好的食物，而吗哪是"淡薄的食物"。

因此神向他们发起烈怒，并向他们掩面，于是百姓中许多人被沙漠的火蛇咬死。此时，摩西用恳切的祷告向神求赦免，百姓才得以存活。以色列百姓经过长久的岁月亲眼目睹了许多神迹，然而他们趁摩西暂时不在，就用金子铸造金牛犊进行崇拜；还曾入了外邦女人的迷惑而与她们行淫。摩西替他们用眼泪悔改，并以自己的性命作保，为忘恩负义、悖谬刚硬的百姓恳切向神祈求："摩西回到耶和华那里说：'唉！这百姓犯了大罪，为自己作了金像。倘或你肯赦免他们的罪，……不然，求你从你所写的册上涂抹我的名。"（出埃及记32章31-32节）

这里"求你从你所写的册上涂抹我的名"意味着"失去救恩，进入永远的死亡——投进地狱之火，永世受苦"。摩西虽明知这一道理，但他仍然向神肯求：哪怕是以牺牲自己为代价，也要赦免百姓的罪过。这一祷告是出于摩西深知虽恨恶罪，却不愿罪人沉沦的神的心意。于是神看着摩西，便无比地喜乐并可爱。神垂听了这一爱心的祷告，使以色列百姓免于死难。

假如大家面前摆着拳头大的晶莹剔透的宝石，一边摆着数万个石头，哪一个更为宝贵呢？恐怕没有人会用宝石换取堆积如山的石头。与此同理：摩西一人的价值高过数百万的百姓，因为摩西是符合神耕作人类之目的的，以神的心为心的人，然而百姓不是（出埃及记32章10节）。

"摩西为人极其谦和，胜过世上的众人。"（民数记12章3节）

"我的仆人摩西不是这样，他是在我全家尽忠的。"（民数记12章7节）

神何等爱这样的摩西，可在《圣经》处处找到相关的记载：出埃及记33章11节："耶和华与摩西面对面说话，好像人与朋友说话一般。"；出埃及记33章记载：当摩西求神显出神的荣耀之时，神痛快地答应摩西。

被人们看作是神的保罗

使徒保罗虽一生为主至死尽忠，却常为自己曾经逼迫主的往事而心痛不已："我原是使徒中最小的，不配称为使徒，因为我从前逼迫神的教会。"（哥林多前书15章9节）因此，保罗在巨大的熬炼中也常常谢恩。

保罗在传福音的过程中屡次受打，多下监牢，被自己的同胞犹太人鞭打五次，每次四十，减去一下。被棍打了三次，被石头打了一次，遇着船坏三次，一昼一夜在深海里。又屡次行远路，遭江河的危险，盗贼的危险，同族的危险，外邦人的危险，城里的危险，旷野的危险，海中的危险，假弟兄的危险。受劳碌，受困苦，多次不得睡，又饥又渴，多次不得食。受寒冷，赤身露体。所受的苦难之大，甚至连活命的指望都绝了。

哥林多前书4章9节的告白，使我们能够感受到其所受苦难之巨大："我想神把我们使徒明明列在末后，好像定死罪的囚犯；因为我们成了一台戏，给世人和天使观看。"

那么，神为何对祂如此忠心的保罗允准百般的逼迫和苦难呢？就是为要使保罗借以能够造就水晶般明净而美丽的心灵。在不知何时被捕遇难的环境中，保罗除了神以外别无依靠。只好在神里面求得安慰和喜乐，并彻底舍己，全然成就主的心。

透过熬炼成就美丽心灵的使徒保罗的告白何等感人肺腑！在人所无法承当的巨大苦难面前，保罗心里最迫切的，不是逃避眼前的苦难，而是对众教会和圣徒们的热爱："除了这外面的事，还有为众教会挂心的事，天天压在我身上。"（哥林多后书11章28节）

而且在罗马书9章3节对寻索自己性命的同胞们说："为我弟兄、我骨肉之亲，就是自己被咒诅，与基督分离，我也愿意。"这里"骨肉之亲"是指犹太人和法利塞人，是当时甚为逼迫和亵渎保罗的人们。

使徒行传23章12-13节记载："到了天亮，犹太人同谋起誓说：'若不先杀保罗，就不吃不喝。'这样同心起誓的有四十多人。"他们对保罗并无个人情绪或怨恨。保罗也从未欺哄或害过他们。然而，他们就因保罗传福音，彰显神权能的缘故，就结党起誓要杀害保罗。

尽管如此，保罗的心是：只要他们能得救，哪怕是自己被咒诅，与基督分离，也在所不辞，并常以这样的告白为他们祈求。保罗因成就了能为企图害自己生命的人舍命的善心，从神得到了极大的权能。神使他行"非常的奇事"，"甚至有人从保罗身上拿围裙或手巾，放在病人身上，病就退去了，恶鬼也出去了"。

承受神道的人称为神

约翰福音10章35节说："经上的话是不能废的。若那些承受神道的人，尚且称为神；"。我们领受神的道，并遵其而行，就能成为满有真理的属灵人。我们若效法神变成属灵的人，进而变成全灵的人，就能越来越成为像神一样的存在。

出埃及记7章1节说："耶和华对摩西说：'我使你在法老面前代替神，你的哥哥亚伦是替你说话的。'"还有在出埃及记4章16节说："他要替你对百姓说话；你要以他当作口，他要以你当作神。"如经上所记，神用大能力与摩西同在，使摩西在神面前变成像神一样的存在。

使徒行传14章记载：当保罗奉耶稣基督的名，令一个生来就没有走过的人起来行走时，那人就跳起来而且行走。于是看见这一场面的人们大吃一惊，并大声欢呼说："有神借着人形降临在我们中间了。"（使徒行传14章11节）如此，与神同行的人，虽然披戴肉身，但因为是属灵的人，便被人看作是神。

"因此，他已将又宝贵、又极大的应许赐给我们，叫我们既脱离世上从情欲来的败坏，就得与神的性情有分。"（彼得后书1章4节）

人得与神的性情有分，是神迫切的旨意，因此我们要脱去一切黑暗势力所喜欢的注定腐朽的"肉"，从圣灵生灵，以神的心为心。

我们达到全灵的层次，那就是完全恢复了灵。完全恢复灵意味着完全恢复了亚当犯罪之后失去的神的形像，也是与神的性情有分的状态。到了这种层次，就能得到神的权能。权能是神赐给模成自己形像的儿女们的礼物（诗篇62篇11节）。权能的凭据是奇事和神迹、非常的奇事、非常的事等，这些都是通过圣灵的作工而显现的。

领受这些权能，就能拯救无数的灵魂。彼得得到圣灵的能力之后，彰显了许多权能。因此，仅仅通过一次讲道，就能使五千人得救。权能本身就是永活的真神同在的凭据，也是将信心栽植于人的最为确实的方法。因为人们若看不见神迹和奇事总是不信，所以神用权能的彰显，使人相信耶稣是人类的救主、天国和地狱的存在，以及《圣经》的真实性。

第四章

属灵的世界

从《圣经》中可以找到许多有关灵界和属灵体验的记录。
我们结束这地上的人生之后的归属也是属灵的世界。

深明灵界奥秘的使徒保罗

《圣经》上显明的无限灵界

分明存在的天国和地狱

未能得救的灵魂死后的世界

日有日的荣光，月有月的荣光

伊甸园无法相比较的天国

所赐于真儿女们的最好的礼物——新耶路撒冷

恢复失去的神形像的人，结束这地上的人生之后的归属地是属灵世界的天国。属灵的世界是跟我们生活的属肉的世界不同，是无限的空间，其长、阔、高、深无法测度。

广阔的属灵世界分为属神的光的空间和神许可与众邪灵的黑暗的空间。光的空间有神为因信得救的儿女们所预备的天国。正如希伯来书11章1节所说："信就是所望之事的实底，是未见之事的确据。"属灵世界是信心的世界，是因指望不能指望的事而显现实底的世界；看不见的事，以确据显现的世界。

信心是属灵世界的入门，是生活在属肉世界的我们，得见住在属灵世界之神的路径。有信心便能与神灵里相交，灵耳开通，听懂神的话语；灵眼打开，能够看到肉眼看不到的属灵世界。

随着信心的增长，对天国的盼望也增长，并能更深地理解神的心；随着醒悟神的爱，爱神的心越加迫切。进而具备充足的信心，就能超越"肉"的极限，使现实上不可能的事，化为可能。因为全知全能的神，用大能托住他们。

属灵的世界

深明灵界奥秘的使徒保罗

保罗在哥林多后书12章1节以下，讲述着他亲历灵界的第三层天，即天国之乐园的内容："我自夸固然无益，但我是不得已的。如今我要说到主的显现和启示。我认得一个在基督里的人，他前十四年被提到第三层天上去。或在身内，我不知道。......他被提到乐园里，听见隐秘的言语，是人不可说的。"6节说："我就是愿意夸口，也不算狂。因为我必说实话；只是我禁止不说，恐怕有人把我看高了，过于他在我身上所看见所听见的。"

使徒保罗虽然亲历许多属灵的事，并领受了许多启事，但他不能将自己所知道的一切灵界的奥秘都向人们公开。耶稣也曾说："我对你们说地上的事，你们尚且不信，若说天上的事，如何能信呢？"亲眼目睹许多权能的彰显，也未能全然相信的门徒们，亲眼目睹耶稣的复活之后，才拥有了真信心。从而能够不以性命为念，传扬神国的福音，并为主献身；深明属灵世界的使徒保罗也为主的福音至死忠心。

我们怎样才能像使徒保罗一样感知属灵的世界，并领会其奥秘呢？首先要爱慕属灵的世界。对属灵世界有迫切的追求，是我们认定神，并爱神的凭据。

《圣经》上显明的无限的灵界

《圣经》出现许多人们体验属灵世界的内容。起初的人亚当起初能与神直接对话，后来也有许多先知与神交通，时而听到神的声音（创世记5章22节；创世记9章9-13节；出埃及记20章1－17节；民数记12章8节）。而且有天使显现，传达神的旨意。除此之外，四个活物（以西结书1章4－14节）、基路伯（撒母耳记下6章2节；以西结书10章1-6节）、火车、火马（列王记下2章11节、6章17节）等有关属灵世界的事物处处记录在《圣经》当中。

通过神人摩西红海分开；击打磐石涌出泉水；通过约书亚的祷告，太阳和月亮停止运行；先知以利亚向神祷告，从天降火、完成一切使命之后乘旋风升天而去。这些事都是在属肉空间里展现属灵世界的结果。

列王记下6章记载：亚兰军队前来捉拿以利沙的时候，以利沙的仆人基哈西打开灵眼就看见满山有火车火马围绕以利沙；但以理虽受奸恶臣宰们的陷害，被扔进狮子坑中，但神差遣了天使封住狮子的口，使他丝毫未受到伤害；但以理的三个朋友，因着坚守信心，惹起了王怒，便被扔进烧热七倍的火窑中，却一根头发也没有烧焦。

神子耶稣虽披戴肉身，降世为人，但祂并没有受肉体的限制，而彰显了无限灵界的事——祂叫死人复活、医治了百姓各样的病症、在水上行走。不仅如此，还忽然显现于前往以马忤斯的门徒们当中（路加福音24章13－16节），还曾透过墙壁显现在害怕犹太人的迫害而紧闭房门躲在屋子里的门徒们中间（约翰福音20章19节）。这都是空间转移的结果，我们借以得知属灵的世界能够超越时间和空间而存在的事实。除了眼看得见的属肉的空间以外还有属灵的空间，耶稣就是利用这属灵的空间，自由自在地显现。

拥有天国市民权的神的儿女们，理当爱慕属灵的世界。神将属灵的世界显现于这种有爱慕之心的人们，正如耶利米书29章13节所说："你们寻求我，若专心寻求我，就必寻见。"

使徒约翰是耶稣的十二门徒之一（启示录1章1节、9节）。他于公元前95年，在对基督教迫害甚重的罗马图密善（Domitian）皇帝时代被捕，并被投进烧着的油锅里竟然不死，便被流放到拔摩海岛，在那里记录了《启示录》。

使徒约翰为了领受深奥的启示，必须要具备相应的资格。那资格就是：丝毫无罪、圣洁无瑕、以主的心为心。因为只有在这种状态下，做如火般的祷告，才能使灵界的门打开，在圣灵的感动中领受奥秘之道的启示。

分明存在的天国和地狱

属灵世界里有天国和地狱。在我开拓教会不久的时候，在祷告当中神将天国和地狱显给我看。天国的美丽和幸福的感受无法用语言和文字全然表达和描述。

新约时代，接待耶稣基督为救主，罪得赦免，得到救恩的人，死后首先被两个天使领入上阴间，在那里接受三天的适应灵界的训练之后，进入天国的暂居场所；旧约时代，得救的灵魂则在属天国的上阴间等候到主耶稣的十字架事件的发生。《圣经》出现他们进入亚伯拉罕怀里的记录，这是因为信心之父亚伯拉罕当时在管理着上阴间。

耶稣被钉在十字架上而死之后，到了上阴间给那里的众灵魂传了三天的福音（彼得前书3章19节），然后领那里的灵魂去了乐园。从此以后，得救的众灵魂都停留在位于乐园边陲地带的天国的暂居之所。等到白色大宝座审判结束之后，照各人信心的大小，被分配到天国的各个居所，度过永生。

白色大宝座审判是指神完结耕作人类的工程之后，审判创世以来生活在这地球上的所有人类进行善恶的审判。神进行审判的时候所坐的宝座，极为光辉灿烂，看起来像一片雪白，便叫作"白色大宝座"（启示录20章11节）。这大审判将在主从空中降临和地上降临，以及千年国度结束之后进行，对得救的灵魂施行赏赐审判；对不得救的灵魂施行处刑的审判。

未能得救的灵魂死后的世界

没有接待耶稣基督，罪未得赦免的人，死后将由两个地狱使者前来带走那灵魂。他们首先在像大坑似的地方停留三天，做好适应邪灵世界的准备。从此开始难以形容的痛苦伴随他们。三天过后，他们各自照自己的罪恶，被安排到分别出来的刑场——下阴间。就像天国广阔一样，属地狱的下阴间也是非常广阔，并且分好多场所，收容那些不得救的众灵魂。

白色大宝座审判之前，众灵魂在下阴间照着自己罪的轻重，遭受被虫子或禽兽啃噬、撕咬，或地狱使者拷打等各种形态的刑罚。

属灵的世界

等到百色大宝座审判结束之后，就被扔到火湖，或硫磺火湖，永世受苦（启示录21章8节）。

那里刑罚之惨重无法跟下阴间的刑罚相比较。地狱火湖的热度超乎我们的想象，硫磺火湖又是比火湖烧热七倍的地方，是那些犯了亵渎圣灵、干犯圣灵等永不得赦免之罪的人进入的地方。

神曾给我看见的火湖和硫磺火湖一望无际。在犹如温泉的蒸汽上腾弥漫的地方，人们形状依稀可见，有的看见胸部以上的身体；有的没至脖子，只露出头部。在火湖里人们至少还能扭身挣扎，但硫磺火湖里的人们却因着痛苦更甚，连扭身都不能。这些都虽是眼看不见的世界，但它们是分明存在的，但愿大家都能得到救恩，无一落入这样悲惨至极的地方。

日有日的荣光，月有月的荣光

使徒保罗论我们复活之身体的时候说："日有日的荣光，月有月的荣光，星有星的荣光。这星和那星的荣光也有分别。"（哥林多前书15章41节）

"日的荣光"是指在地上的日子里离弃全罪，成为圣洁，并全家尽忠的人所要得享的荣耀；"月的荣光"是不及日的荣光之人所要得享的荣耀；"星的荣光"是仅次于月的荣光的人所要得享的荣耀。还有"这星和那星的荣光也有分别"是指就像每颗星星的亮度都不同，我们就算进入同样的天国的居所，所得享的荣耀也是不尽相同。

灵的恢复

如此，《圣经》告诉我们进天国之后各人的荣耀都不同的事实。按一个人弃罪成圣的程度、信心的大小、为神的国效忠的程度，将来在天国得到相应的奖赏和居所。

神按人信心的大小，将天国分成许多住处。信心最小的人进入的地方叫做"乐园"；比它更高的地方为"第一层天国"；其次依序为"第二层天国"和"第三层天国"，最后是位于第三层天国里的圣城——新耶路撒冷。

伊甸园无法相比较的天国

伊甸园是任何天下绝景也无与伦比的美丽和平的地方。天国又是伊甸园所无法比较的美丽的地方。伊甸园属于第二层天，天国则属于第三层天，这两者幸福的程度迥然不同。因为伊甸园的人们，未曾在这地上受过耕作，故不是神的真儿女。

若说这地上的人生是毫无光明的黑暗生活，那么伊甸园是煤油灯下的生活，天国的乐园则是灯光下的生活。以前没有电的时代，人们在煤油灯下生活，其亮度微乎其微，但那也是很稀贵的。初次电灯出现的时候，因为太亮，人们觉得很神奇。

前面提到：我们将来所要得到的天国的居所，取决于我们在这地上通过耕作所成就的信心的大小、成就灵心的程度。各个居所的荣耀与幸福的程度具有明显的区别。超越圣洁的层次，在神的全家尽忠，成为全灵的人，就能进入神宝座所在的新耶路撒冷。

所赐于真儿女们的最好的礼物——新耶路撒冷

正如耶稣所说："我父的家里有许多住处。"（约翰福音14章2节）天国有许多住处。不仅有神宝座所在的新耶路撒冷，也有勉强得救的圣徒们进去的乐园。

荣耀的圣城——"新耶路撒冷"是天国中最美丽的地方。神愿所有的人都能得救，且进入新耶路撒冷（提摩太前书2章4节）。然而，受到耕作的人不能都进入全灵，成为神的真儿女，这跟农夫种地，所收的不能都是上等谷物一样的道理。于是神为了那些未能具备进新耶路撒冷资格的儿女们预备了许多不同层次的居所，大体分为乐园、第一层天国、第二层天国、第三层天国。

乐园和新耶路撒冷的差异好比茅屋和皇宫的差异，其荣耀的程度呈现极大的差距。就像父母愿意把最上好的福分赐给自己的儿女一样，神也切愿我们都能成为祂的真儿女，永远在新耶路撒冷一同分享一切美福。

神的爱不偏向于某个特定的人，凡接待耶稣基督的人都有领受这福分的机会。神按照各人努力成圣，忠诚的结果，赐予相应的住处、奖赏，并相应的爱。

其实，进入乐园，或一、二层天国的人，因为他们没有完全脱去"肉"，所以不能算是真儿女。就像小孩子不懂得父母的心意一样，他们还不能理解神的心意。因此按各人信心的大小安排不同的住处，也是出于神的慈爱与公义。就像在这地上同龄的孩子们在一起的时候更为快乐一样，在天国也是属灵水准差不多的人们共同生活的时候，才能更加平安和幸福。这就是神区别各人住处的原因。

新耶路撒冷城是神通过耕作人类得到满意之成果的凭证。圣城的十二基石的十二种宝石是进入城里的神儿女们的心如同宝石一样美丽的凭据；用珍珠做的城门又是：通过这城门的儿女们如同蛤蜊造出美丽的珍珠一样，成就了可贵忍耐之果的凭据。

当神的儿女们通过珍珠门的时候，自然回顾为了进入这一圣城而恒久忍耐的无数的岁月；走在精金街道的时候就会回想自己所走过的信心之路。各人所得的房子的规模和装饰，尽显他在世的日子里爱神的程度，以及凭信心归荣耀于神的程度。

进新耶路撒冷的人们，因为成就了水晶般明净透亮的善美心灵，所以能亲眼得见神的荣颜。而且有许多天使时常侍候他们，在无限的感动和幸福中度过永恒的岁月。那里的圣洁、荣美和富丽堂皇，靠人的智慧是无法想象的。

世界上，书籍的种类繁多，同样天国也有许多种类的书籍。有记录蒙恩得救之人名字的《生命册》，也有记录值得永久纪念之事的《纪念册》。《纪念册》呈黄金色，封面上刻画着珍贵的图案，单看其表面也能看出那是极为贵重的书。此书详细记录着谁、何时、在何种环境中、成就了什么事。其中重要的部分用生动的动画图像，衬托着其中的内容。

例如：亚伯拉罕献以撒为燔祭的事、以利亚通过祷告使神降火显应的事、但以理在狮子坑里获救的事、但以理的三个朋友在火窑中得以存活，毫发无损，归荣耀于神的事等内容如实记录在其中。神选择特别宝贵的日子，展开《纪念册》，显部分内容给自己的儿女们看，并介绍其中的内容。此时，神的儿女们以满心的幸福聆听着，并将赞美与荣耀归于慈爱的父神。

而且，在新耶路撒冷接连不断地举行父神所摆设的宴会，以及大大小小的宴会。有主摆设的宴会，也有以利亚、以诺、亚伯拉罕、摩西、使徒保罗等先知们所摆设的宴会。还邀请圣徒们摆设宴会。宴会是天国生活中的极乐境界，因为借此能够一目了然地看到天国的丰饶与自由、美丽和荣耀。哪怕是这地上的大型宴会，人们也会最大限度地妆饰打扮自己，并尽情吃喝，尽享宴会的快乐。在天国也是一样的：宴会拉开帷幕，展现天使们美妙的演奏和精彩的舞蹈和演唱，神的儿女们合着伴奏，一同载歌载舞，宴会场上充满着欢乐和幸福的笑声。处处摆设的圆形桌子，亲爱的弟兄们围坐在一起彼此谈笑，或者去找曾经所仰慕的信心的楷模古人先知们亲切交谈。

如果应邀到主的宴席的时候，圣徒们以最美的新妇的样式，精心妆扮自己，因为主是他们灵里的新郎。主的新妇们一到主的城，两位天使在金光闪闪的正门两侧谦恭地欢迎。城墙用各种美丽的宝石点缀，城墙上面装点着的美丽鲜花，向着来访的主的新妇们散发怡人的馨香。进入城里面，传来感动灵魂深处的美妙、柔和的音乐。圣徒们感受着平安与幸福，且不由想起将自己引导到此地的神的慈爱，便沉浸在如潮而拥的感恩与感动之中。

顺着天使的引导走在通向远处可见的主城正房的精金路上的

时候，圣徒们的心情无比地激动。将近城里的正房之时，远处看见主亲自出来迎接圣徒们的身影，此时圣徒们感动的泪水夺眶而流，因着迫切的思念之心，极力向主奔跑。"快来吧！我美丽的新妇们，欢迎你们！"主带着充满爱和仁慈的面容，展开双臂逐一拥抱着迎接圣徒们。"衷心感谢主的邀请！"接受主欢迎的圣徒们，依偎在主的怀抱，献上感动的告白。然后就像相亲相爱的情侣一样，与主手拉着手，周游各处，尽情分享在世所未能分享的爱心的对话。

如此，与三位一体的神一起生活的新耶路撒冷的生活，充满着爱与感动、幸福与欢乐。在那里人们能够得见主的慈容、依偎在主的怀抱、与主一起周游各地、尽享各种快乐的游戏……若想得享这种幸福，必须要成就圣洁，进而成就全灵，并全然效法主的心。

但愿大家都能带着这一活泼的盼望，迅速成就全灵，在世得享灵魂兴盛、凡事兴盛、身体健壮的祝福，在天上获得挨近神宝座的荣耀的居所。

灵魂肉 上
Spirit, Soul and Body I

本书所引圣经经文取自《现代标点和合本》

作　　者: 李载禄
编　　辑: 宾锦善
设　　计: 乌陵出版社设计组
发　　行: 乌陵出版社（发行人: 宾圣男）
印　　刷: 艺源印刷厂
出版日期: 2009年6月初版（韩国，乌陵出版社，韩国语）
　　　　　2011年3月初版（韩国，乌陵出版社）

Copyright © 2011 李载禄博士
ISBN 978-89-7557-412-2
ISBN 978-89-7557-411-5 (set)
Translation Copyright © 2011 郑求英博士

问 讯 处: 乌陵出版社
电　　话: 82-2-837-7632 / 82-70-8240-2072
传　　真: 82-2-869-1537

"乌陵"是旧约时代的大祭司为了求问神的旨意而使用的决断的胸牌，希伯来原意为"光"（出埃及记28章30节）。"光"代表着将我们引入生命的神的话语，因此"乌陵"也是代表着本为光的神。乌陵出版社为了用真光照亮整个世界，如今正在以祷告和赤诚，奔跑在文书宣教的前沿。